寻道

青年毛泽东

金民卿 著

人民日报出版社
北京

图书在版编目（CIP）数据

寻道：青年毛泽东/金民卿著.--北京：人民日报出版社，2024.6.--ISBN 978-7-5115-8319-2

Ⅰ.A752

中国国家版本馆CIP数据核字第2024GF2078号

书　　名：	寻道：青年毛泽东
	XUNDAO:QINGNIAN MAOZEDONG
作　　者：	金民卿
出 版 人：	刘华新
责任编辑：	张炜煜　贾若莹
特约编辑：	战崇坤
封面设计：	仙境设计

出版发行：人民日报出版社
社　　址：北京金台西路2号
邮政编码：100733
发行热线：（010）65369509　65369512　65369527　65363528
邮购热线：（010）65369530　65363527
编辑热线：（010）65369514
网　　址：www.peopledailypress.com
经　　销：新华书店
印　　刷：大厂回族自治县德诚印务有限公司
法律顾问：北京科宇律师事务所 010-83622312

开　　本：710mm×1000mm　　1/16
字　　数：213千字
印　　张：18.5
版　　次：2024年10月第1版
印　　次：2024年10月第1次印刷

书　　号：ISBN 978-7-5115-8319-2
定　　价：59.00元

目 录
contents

第1章　一波三折：富于传奇色彩的求学之路……………… **001**
　　乡村私塾里的"小小陪读郎"……………………………… 003
　　断断续续读了"六年孔夫子"……………………………… 005
　　新式教育路上"连跳三级"………………………………… 008
　　三个不同阶段的刻苦自学………………………………… 016
　　五年半完整的师范教育…………………………………… 022

第2章　知识储备：国学为主、中西兼容的复合型知识结构…… **025**
　　学习方法的改造提升……………………………………… 027
　　知识积累的突飞猛进……………………………………… 033
　　复合型知识结构及其深远影响…………………………… 039

第3章　思想初成：走出校门时的思想及其内在冲突………… **047**
　　影响思想形成的社会文化基础…………………………… 049
　　初步社会实践对思想发展的影响………………………… 056
　　思想结构初步形成，发展方向尚不确定………………… 062

第4章　混杂多元：五四运动前后的思想状况………………… **083**
　　第一次北京之行，理论视野急遽开拓…………………… 085
　　追求理论与实际相结合的青年领袖……………………… 093
　　五四运动时期的思想矛盾………………………………… 096

第5章　思想过滤：在躬行实践中检验多种理论观点………… **115**
　　空想社会主义实验"无果而终"…………………………… 117

实验主义的尝试及其最终放弃 ·················· **126**
　　　驱张运动的改良主义实践及其失败 ·············· **135**

第6章　光明初现：初步信仰和实践马克思主义 ·············· **149**
　　　"我自认为是一个马克思主义者" ················ **151**
　　　创办文化书社，学习宣传马克思主义 ············ **158**
　　　创办俄罗斯研究会，研究和宣传十月革命 ········ **165**

第7章　乍暖还寒：自治运动过程中的思想及其缺陷 ·········· **173**
　　　湖南自治运动：将工人第一次政治地组织起来 ···· **175**
　　　马克思主义应用于政治实践的初次尝试 ·········· **187**
　　　初步总结并借鉴十月革命经验 ·················· **194**

第8章　自我清算：一次彻底深刻的自我思想革命 ············ **201**
　　　火热实践后的冷静思考 ························ **203**
　　　清算旧思想的六封复信 ························ **208**
　　　新旧思想转换的重要关节点 ···················· **216**

第9章　实现转变：成为坚定的马克思主义者 ················ **223**
　　　中国思想界的裂变与新民学会的分化 ············ **225**
　　　思想转变后的重大选择 ························ **236**
　　　在马克思主义的道路上开拓前进 ················ **247**

第10章　血脉传承：赓续红色基因，铸就当代辉煌 ············ **259**
　　　思想转变的动力机制 ·························· **261**
　　　思想转变的鲜明特点 ·························· **270**
　　　宝贵经验的当代价值 ·························· **276**

后　记 ·· **290**

第1章

一波三折：
富于传奇色彩的求学之路

乡村私塾里的"小小陪读郎"
断断续续读了"六年孔夫子"
新式教育路上"连跳三级"
三个不同阶段的刻苦自学
五年半完整的师范教育

毛泽东的求学之路，一波三折，断断续续，富于传奇色彩。

第一，断断续续的6年私塾教育：1902年—1906年底在乡村私塾接受5年启蒙教育；1907年—1909年夏辍学在家劳动但坚持自学；1909年秋—1910年秋又接受了1年私塾教育。第一段和第三段经历就是毛泽东后来所说的"六年孔夫子"时期。

第二，3次短暂而不连贯的新式学校教育：1910年秋考入湘乡县立东山高等小学堂，在此就读半年；1911年春，他在长沙考入湘乡驻省中学，10月底离开学校，当兵半年并坚持自学；1912年春进入湖南全省高等中学校（后改名省立第一中学），半年后离开学校，到湖南省立图书馆自学。

第三，3次短暂而富有成效的自学教育时期：1907年至1909年夏在家劳动，其间坚持自学；1911年10月底到次年3月份当兵，其间坚持自学半年；1912年秋离开湖南省立第一中学，在湖南省立图书馆自学半年。

第四，五年半的师范学校教育：1913年春，考入湖南省立第四师范学校读预科。1914年2月，四师合并于湖南省立第一师范学校，毛泽东转入一师，重读预科半年后编入一师本科第八班，一直到1918年6月从一师毕业。在这五年半的时间中，1916年之前，毛泽东着重于学习方法的提升、人格修养的训练并进一步深入进行以国学文化为主的知识积累；1916年之后，毛泽东广泛学习西方哲学、伦理学知识，开展了丰富的社会实践和国情调研，其以思想独立为特点的思想结构初步形成。

这种曲折而独特的教育经历，形成了毛泽东获取知识的个性特点，并直接影响了他特定的知识结构。

乡村私塾里的"小小陪读郎"

毛泽东于1893年诞生于湖南韶山冲的一户农民家庭。

9岁之前,幼年毛泽东大部分时间都在唐家圫的外祖母家度过。在这里,他有一段美好的"幼儿园"生活,不经意间初步接触了中国传统文化的一些启蒙知识,种下了传统文化知识的种子,在幼小的心灵中产生了对传统文化的特殊兴趣。

在唐家圫,毛泽东的八舅文正莹开办了一所私塾,教授自己的子侄辈读书。这个时候,毛泽东还不到上私塾的年龄,没有正式进入私塾读书,但他经常同表兄弟们一起到私塾玩耍,也跟着旁听了《三字经》《百家姓》,学到了《千字文》《六言杂字》《神童诗》等一些传统文化的启蒙知识。

文正莹算是毛泽东的启蒙教师。当时毛泽东虽然年幼,但天资聪颖,对旁听的一些东西都能够很好地记诵下来,为此他得到了文正莹的称赞。文正莹称他是"小小陪读郎",认定毛泽东会读书,能够成就大事业。文正莹对毛泽东帮助很大,毛泽东17岁那年,其父毛贻昌(字顺生)逼他辍学到米店当学徒,正是文正莹同其他人一起做毛贻昌的工作，才让毛泽东得以继续求学。

毛泽东对八舅文正莹始终念念不忘、深表感谢。中华人民共和国成立后，他在同文正莹的儿子文运昌、文南松等见面时，曾一再提起八舅："八舅对我的教育和帮助好大啰！不是他老人家，我可能还是一个账房先生，或者是一个庄稼把式，怎么也到不了现在这个样子哟！"他动情地说："八舅是个大好人啊，他不仅是我知识上的启蒙老师，他还教我怎样做人。他对我毛泽东是有大恩的。"足见他对儿时的非正式启蒙教育记忆非常深刻。

毛泽东在唐家圫6年的旁听生经历，可以说是一段特殊的"学前教育"，使他与中国传统文化结下了终生不解之缘。

断断续续读了"六年孔夫子"

1902年春,毛泽东从外祖母家返回韶山。在到1910年秋的8年多时间里,他在韶山一带接受了断断续续的6年私塾教育。这就是毛泽东后来所说的"读了六年孔夫子的书"①。

这6年的教育经历并不连贯,他辗转于7所私塾,受业于6位塾师:1902年春,入韶山南岸私塾,启蒙教师邹春培;1904年秋,入韶山关公桥私塾,塾师毛咏薰;1905年春,入韶山桥头湾、钟家湾私塾,塾师周少希;1906年秋入韶山井湾里私塾,塾师毛宇居。在这一段时间里,他先读《三字经》《幼学琼林》《增广贤文》等启蒙知识,之后读《论语》《孟子》《中庸》《大学》《诗经》等四书五经以及《春秋公羊传》《春秋左传》等文化典籍,也看了《三国演义》《水浒传》《西游记》等话本小说。在上学期间,他早晚仍要放牛捡粪,农忙时期则需和家人一同下田劳作。

---

① 《毛泽东文集》第8卷,人民出版社1999年版,第392页。
本书引文以保持援引版本原貌为原则。原稿有明显错误的标点予以改正,错字、漏字分别在<>和[]内校正,衍字用【】框起来,其余均维持原貌。

1907年，毛泽东停学在家务农，白天与长工一同在田间劳动，夜里则需替父亲记账，虽然不能上学，但他仍然寻找一切机会自学。

1909年秋，经过两年左右的辍学后，他又回到私塾学校，进入韶山乌龟颈私塾就读，塾师毛简臣；1910年春，入韶山东茅塘私塾读书，塾师毛麓钟。在这一年时间里，他读了《纲鉴类纂》《史记》《汉书》《资治通鉴》《孙子兵法》《贞观政要》等书，开始对中国古代历史典籍产生兴趣。

在私塾读书期间，一方面，毛泽东比较系统地学习传统文化中的基本知识，特别是传统文化中的正统思想和主导内容（即以儒学为核心的意识形态文化知识），初步了解了民族文化的基本内涵和思维方式；另一方面，他也吸收了中国传统文化中的异端思想和杂学内容，如与儒学正统思想不一致的、反映下层民众生活实际或适应下层精神需要的通俗小说。

这里有必要就私塾教育的特点做一些展开。传统的私塾教育，特别是下层乡村中的三家村式的私塾教育，其实是一种内在矛盾的教育模式：第一，私塾对学生管束很严厉，调皮捣蛋的学生要挨打，而塾师在教学上却很自由，甚至很随性；第二，私塾对学生上课要求很严格，要学生遵循纲常礼教，而对学生的考核却很宽松，甚至没有什么正规的考试；第三，学生学习的方式很教条，要死记硬背四书五经之类的书籍，而塾师解读却很自主，可以按照自己的理解，结合当地的习惯来解读经典。

这种教育方式对于毛泽东的学习方式以及个性特点，都产生了很重要、很长远的影响，不仅使他积累了比较丰富的传统文化知识，形成了独立自主的自学习惯，而且促进了他独立个性的自由发展。

私塾教育的教学内容，都是传统文化中的基本知识和主要典籍。经过私塾教育，学生大都能够对中国传统文化特别是儒家学说有大致的了解，特别是那些天分好的学生，经过学习能够积累下比较丰厚的传统文化知识。毛泽东就是在私塾教育阶段比较系统地学习了传统文化的基本经典和核心内容。

在实际教育中，一般的乡村家长把孩子送进私塾的目的，就是让他们接受一般性的、基础性的启蒙教育，至于进一步考秀才、做大官的培养，只有少数家庭才会去考虑。因此，塾师在授课过程中，并不过多地注重对文化经典的文本解读和内容剖析，而是让学生死记硬背，至于学生是否理解则是其次的。

这样，天分好的学生在私塾中并没有太大的压力，相反是比较轻松自由的，可以有很多时间去阅读自己喜欢的书籍，或自由地玩耍。毛泽东在私塾中就是这样，他背会经书后，经常看一些与四书五经没有关系甚至冲突的小说，塾师对他的这种情况虽然知道，但也是睁一只眼闭一只眼。

1936年，毛泽东在同斯诺[①]的谈话中就说到，他经常在课堂上阅读《精忠传》《水浒传》《隋唐演义》《三国演义》和《西游记》等书，教师走过来时就用一本经书掩盖着。可见，他在私塾中仍然是比较自由的。

在一定程度上说，私塾教育不仅没有限制和约束毛泽东的自由个性，反倒促进和强化了他的自由个性。

---

① 埃德加·斯诺（Edgar Snow），美国记者，曾于1936年冒生命危险进入陕甘宁边区，是在红色区域进行采访的第一位西方新闻记者，他就这些采访经历撰写了多篇轰动一时的通讯报道，后来汇编为一本书，即《红星照耀中国》。

新式教育路上"连跳三级"

毛泽东成长于中国教育体制和内容新老交替的时期。1905年，清政府宣布废除了中国历史上延续了一千多年的科举制度，大量新式学校因之兴起。新式学校的"新"是知识体系的新。虽然在创办之初，新式学校还大量讲授传统经学，但学校中经学一家独大的地位已经被彻底颠覆了。

1910年，只接受过旧式私塾教育的毛泽东又面临失学：他17岁了，其父毛贻昌认为让儿子读书的目的已然实现，为他安排了去米店当学徒的出路。但毛泽东却不愿守着老样子不变，于是先后请八舅、堂叔、表哥劝说父亲。毛贻昌听了，觉得儿子进洋学堂是件有利的事，便同意了。

于是，毛泽东走出韶山，于1910年秋到1912年秋，断断续续地接受了总共一年半左右的新式教育：1910年秋到1911年春，在湘乡县立东山高等小学堂就学半年；1911年春到1911年秋，在湘乡驻省中学就学半年；1912年春到1912年秋，在湖南全省高等中学校就学半年。

有趣的是，虽然时间加起来仅有一年半左右，而且没有拿到一个毕业证。但是，小学、初中、高中阶段，他却都经历了，可以说是一种特殊的"连跳三级"。

（一）在东山小学"有很大的进步"

1910年秋，毛泽东经过多方努力获得父亲同意，怀揣初步确立的爱国主义情感、开拓知识视野的强烈愿望、干一番大事业的豪情壮志，离开韶山，来到湘乡县立东山高等小学堂，读了半年新式小学。这次离家是他人生中的第一个转折，临行之际，他曾改写了一首诗留给父亲：

> 孩儿立志出乡关，
> 学不成名誓不还。
> 埋骨何须桑梓地，
> 人生无处不青山。

东山小学是湖南省最早兴办的新式学校之一，早在戊戌变法前就已经有不小的知名度。著名的戊戌变法志士谭嗣同，在《浏阳兴算起》中就提道："湘乡改东山书院之举，又继之以起，趋向亦渐变矣。"[①]

年已17岁、人高马大的毛泽东，同一帮小同学一起在小学读书，虽然显得有些滑稽可笑，但他在这所小学中的收获却超乎自己原来的想象。他后来回忆道："我在这所学校里有很大的进步。"

在东山小学，他的知识结构得到了极大拓展，接触了以前闻所

---

① 《谭嗣同全集》上册，中华书局1981年版，第184页。

未闻的新知识，除经学之外，还学习了国文、算术、历史、修身、地理、物理、外语、体操、音乐、图画等新科目。

在这里，毛泽东认真阅读了康有为、梁启超等人的文章和书籍，对资产阶级改良主义的主张有所了解。梁启超所主张的教育救国的开民智思想、君主立宪的改良主义思想、从维新派角度介绍过来的西方文化知识等，引起了毛泽东的极大兴趣。他如饥似渴地将这些改良主义的知识扎根到知识结构深处，这些思想和知识对毛泽东正在形成的思想意识产生了决定性的影响。时隔二十多年，毛泽东还是充满激情地和斯诺说："然而我的志趣并不在经书。我正在读我表兄送给我的两本关于康有为改革运动的书。一本是梁启超编的《新民丛报》。这两本书我读而又读，一直到我能够背诵出来。我很崇拜康有为和梁启超……"[1]

在东山小学，他还读到了一些外国历史文化知识，特别是拿破仑、华盛顿、林肯等外国英雄人物的传记，并通过一位日本留学回来的老师了解到日本明治维新等许多情况。

后来，他曾如此回忆："在一篇讲美国革命的文章里，我第一次听到美国这个国家，里面有这样一句：'华盛顿经八年苦战始获胜利遂建国家。'在一部叫作《世界英杰传》的书里，我也读到了拿破仑、俄国叶卡捷琳娜女皇、彼得大帝、惠灵顿、格莱斯顿、卢梭、孟德斯鸠和林肯。"[2]

---

[1]〔美〕斯诺（Snow.E.）笔录，汪衡译，丁晓平编校：《毛泽东自传》（中英文插图影印典藏版），中国青年出版社2014年版，第34页。
[2]〔美〕埃德加·斯诺著，董乐山译：《红星照耀中国》，人民文学出版社2016年版，第127页。

他所说的这些人物，是他从《世界英雄豪杰传》（即前文《世界英杰传》）中得到的。对此，他小学时的同学萧三生动记述道：

有一次，也是黄昏时候，游戏完了，到了上自修的时间。摇铃了。一群小学生经过操场，蜂拥而入自修室去。一个同学和毛泽东同志一起，也向着学校第二道大门走。他看见那个小朋友手里有一本书。

"你那是什么书？"泽东同志和蔼地问。

"《世界英雄豪杰传》。"

"借给我读一读。"

过了几天，他很客气地，像犯了错误似地还书给那个小朋友：

"对不住，我把书弄脏了！"

那个同学打开一看，整册书都用墨笔画了许多圈点（毛泽东同志读一切书都很用心，常在书上打圈点等记号，写批语）。圈得最密的是华盛顿、林肯、拿破仑、彼得大帝、迦德邻女皇、卢梭、孟德斯鸠等人的传记。泽东同志说：

"中国也要有这样的人物。我们应该讲求富国强兵之道，才不致蹈安南、朝鲜、印度的覆辙。你知道，中国有句古话：'前车之覆，后车之鉴。'而且我们每个国民都应该努力，顾炎武说得好：'天下兴亡，匹夫有责。'"[①]

在这所学校里，毛泽东的人生视野得到了极大开拓，结识了李元甫、贺岚岗、日本留学归来的萧先生等一批有学问的老师，以及萧子升、萧三（子璋）等一批有见地的朋友。他的爱国主义情感也得到了

[①] 萧三：《毛泽东同志的青少年时代和初期革命活动》，中国青年出版社1980年版，第26页。

深化，救国救民的志向逐步明朗，朦胧的政治意识开始萌生。

（二）湘乡驻省中学里的"珍奇瑰异之才"

经过半年时间的课堂学习和自学阅读，毛泽东的知识欲求已经不是一所小学所能满足的了，他谋求到更大地方去开阔更远大的视野，到更好的学校去接受更多的知识。恰在此时，东山小学的贺岚岗老师应聘到湘乡驻省中学任教，他对毛泽东颇为赏识，便鼓励毛泽东到长沙读书。于是，由贺岚岗带领，经李元甫校长引荐，毛泽东于1911年春来到湖南省城长沙，顺利考入湘乡驻省中学。不久，李元甫也到湘乡驻省中学担任学监，他和贺岚岗时常向师生们介绍毛泽东在东山小学读书的情况，夸奖毛泽东是"珍奇瑰异之才，为三代以下仅见之选"。

在这所学校，毛泽东的视野进一步开阔，"新学"知识进一步丰富，思想认识也不断提高。毛泽东在这时开始读到报纸，获取知识和信息的渠道迅速打开，从此养成了读报的终生习惯。

当时，他钟爱的一份报纸是《民立报》，这是当时以孙中山为首的资产阶级革命派在国内创办的重要报纸，是资产阶级革命派的重要喉舌。《民立报》以提倡国民的独立精神为宗旨，以论说和批评为主要形式，比较全面地介绍了孙中山及资产阶级革命派的思想主张，刊发了同盟会的有关纲领和知识，报道了资产阶级革命派的革命活动。

由此，毛泽东开始接触到以孙中山为代表的资产阶级革命派的理论知识和思想主张，并迅速将其纳入自己的知识结构。初步接触资产阶级革命派的信息时，他尚不清楚孙中山同康有为、梁启超的区别，不清楚革命派同改良派的区别，而是把这些不同的主张、不同的人物糅合在一起，提出了一个不伦不类的政治主张：

"我激动异常，就写了一篇文章，贴在学校的墙壁上。这是我第一次发表政见，可是有点糊里糊涂。我还没有放弃对于康有为和梁启超的崇拜，我不很明了他们和新领袖的区别。所以在我的文章中，我主张应将孙中山由日本召回就任新政府的总统，并以康有为任总理，梁启超任外交部长！"[①]

当然，对这些新思想，此时的毛泽东是从知识积累的角度去接纳的，而未上升到将其纳入思想结构的高度，他的行为中渗透的是朦朦胧胧的政治激情。

虽然见解仍显稚嫩，但毛泽东是个果决的人，对大是大非判定非常清楚，所以他还是笃定地让革命和维新等新的知识要素逐步占据主导，至于皇帝和四书五经为代表的旧文化，则都随着他决然剪断的发辫一起退居"二线"了。

（三）湖南全省高等中学校里初显"伟大之器"

就读湘乡驻省中学数月后，辛亥革命爆发，满怀激情的毛泽东听到革命党人的演讲，很快就决定中断学业，于1911年10月底参加新军，投身革命。他一面训练，一面通过阅读报刊自学。不久，清帝退位、南北议和，孙中山辞去临时大总统一职，袁世凯接任。毛泽东认为革命已经结束，自己在军队中无事可做，于是退出军队继续求学。1912年春，他以第一名的成绩考入湖南全省高等中学校。

[①] 〔美〕斯诺（Snow.E.）笔录，汪衡译，丁晓平编校：《毛泽东自传》（中英文插图影印典藏版），中国青年出版社2014年版，第38—39页。

该校校长是符定一先生，他是一位杰出的语言文字学家，也是一位卓有成就的教育家。他执掌湖南全省高等中学校时在课程设置上颇有独到之处，不仅开设了数学、物理、化学等课程，而且充分考虑到培养出国留学人才的需要，在学校里开设了英文、德文、法文三个外文语种的课程。由此，毛泽东的课程面更加拓宽，接触的知识要素更加丰富，从而知识结构发生重大变化。

不过，中国传统文化并没有被他就此摒弃，而是得到不断深化。在校期间，国文教员柳潜借给毛泽东一套《御批历代通鉴辑览》，这套书是乾隆时期在《资治通鉴》基础上编纂而成的一部重要官修史书，增强了毛泽东对古代历史和政治的了解。在这期间，毛泽东还留下了一篇备受赞誉的作文《商鞅徙木立信论》。

这也是毛泽东留下的第一篇文章。文中，他已经能够借用历史典故来剖析中国几千年民智不开、法治不张的状况，将其与近代以来国家颓败的政治现状相联系，进行了比较深刻的反思，从而发出"知吾国国民之愚""知数千年来民智黑暗、国几蹈于沦亡之惨境有由来也"的浩叹。

这篇仅有400多字的文章手稿上，国文教员留下了近200字的评语，并让同学"传观"。评语写道：

"实切社会立论，目光如炬，落墨大方，恰似报笔，而义法亦骎骎入古"；

"精理名言，故未曾有"；

"逆折而入，笔力挺拔"；

"历观生作，练成一色文字，自是伟大之器，再加功候，吾不知其所至"；

"力能扛鼎";

"积理宏富"。

文末总评道：

"有法律知识，具哲理思想，借题发挥，纯以唱叹之笔出之，是为压题法，至推论商君之法为从来未有之大政策，言之凿凿，绝无浮烟涨墨绕其笔端，是有功于社会文字。"

这些评语足可显示毛泽东当时的知识水平和思想高度。

在校学习半年后，由于再次感觉学校课程有限，难以满足自己的求知需要，同时厌恶烦琐的校规约束，毛泽东婉拒老师们的劝说，毅然决定退学，到湖南省立图书馆自修。

以上情况表明，毛泽东实际上是用了不连贯的一年半时间，分别接受了小学、初中和高中三个阶段的新式学校教育。严格说来，毛泽东并没有真正接受过系统、规范的中小学教育。这虽然同他的年龄以及当时新式学校的教学内容和方式有关，但更主要的是与他特殊的个性特点、求学方式以及对新式学校和知识结构的认知有关。这种系统规范的新式学校教育的缺失，对他的知识结构、治学方法以及后来的思想结构和教育理论都产生了很大的影响。

三个不同阶段的刻苦自学

从湖南全省高等中学校退学后,毛泽东在湖南省立图书馆自学半年。1913年春天,20岁的他决定做一名师范生。至此,毛泽东有过三个富有成效的自学教育时期:1907年至1909年夏,辍学在家劳动,其间坚持自学2年多;1911年10月底到次年3月,当兵,其间坚持自学半年;1912年秋,离开学校,在湖南省立图书馆自学半年。

(一)务农期间自学,初步确立爱国主义

毛泽东的父亲毛贻昌是一个精明务实的农民,他送毛泽东进私塾的目的,并不是奢望儿子考取功名,而只是希望儿子能够获得基本的实用性知识。因此,毛泽东学了几年私塾后,毛贻昌就认为儿子学的东西已经足够了,不必再浪费时间和金钱读书。这样,毛泽东不得不辍学务农,但是,他对知识的渴望并没有因此终结,反而想尽一切办法坚持自学。据他回忆:

"最后我在十三岁离开小学,开始在田中做长时间的工作帮雇工的忙,白天完全做着大人的工作,晚上代父亲记账。然而我还继续求

学，找到什么书便读……在深夜我常把我室中的窗门遮盖起来，使我的父亲看不见灯光。"①

在这期间，他读到了早期改良主义者郑观应所著的《盛世危言》和改良主义者冯桂芬所著的《校邠庐抗议》，初步了解了改良主义的主张，意识到帝国主义的侵略和清政府的腐败，初步确立了爱国主义的情感。

《盛世危言》是当时讲西学新法的"畅销书"，各种版本翻刻发行达10多万本。当时中国积弱，人们对外国侵略者的直观印象就是船坚炮利，所以兴起了洋务运动。但郑观应认为积弱多弊的中国不仅要学习西方的坚船利炮，也要学习西方的政治制度，进行社会改良，设立议院，实行"君民共主"，要在君主立宪的体制下引进西洋的器械，开矿山、筑铁路、兴教育、办商务，发展资本主义的政治、文化、经济。

《校邠庐抗议》和《盛世危言》出版时间相距不远，作者冯桂芬是一位道光年间的进士、翰林院编修。他在书中对外国侵略和清政府的腐朽无能表示了强烈抗议，在爱国主义情感的支配下提出了一些富国强兵的改革措施。书中国家任人宰割的屈辱、充满诱惑的改革，在崇拜英雄、渴望有所作为的毛泽东心中燃起明亮的灯火。

在阅读上述两本书的前后，还有一件事对毛泽东影响很深，就是结识了维新派人士李漱清。李漱清是湘潭师范学校的毕业生，当时三十多岁，是一个思想开明、充满爱国热情的进步知识分子。因为见

---

① 〔美〕斯诺（Snow.E.）笔录，汪衡译，丁晓平编校：《毛泽东自传》（中英文插图影印典藏版），中国青年出版社2014年版，第27—29页。

过世面，李漱清在乡间办起了"洋学堂"，不教四书五经，讲的是天文、地理、生物、算术等新学。他经常给人们讲述外地见闻，劝说乡亲们不要求神拜佛，应让子弟进学校读书。这对热衷改革且渴望读书的毛泽东是极具吸引力的，两人因而结成了亦师亦友的关系。李漱清也乐得把日本明治维新和维新派关于兴新学、开民智的主张一一讲给好学的毛泽东听。这些知识和信息都是毛泽东在私塾教育中没有接触的，成为其知识结构中的崭新要素，而且激发了他进一步求学的愿望。正是因为求学欲望的强烈，务农两年后，毛泽东才能重新进入私塾学习。

（二）当兵期间自学，初次接触社会主义

1911年10月底到次年3月，毛泽东参加新军当兵，其间开始了他的第二次自学。此时的毛泽东已经是一个十八九岁的青年，有了微薄的兵饷收入，经过了私塾教育和新式教育，有了自主选择知识信息的条件和资质，又处于信息比较开放的省城长沙，自学的途径和载体远比韶山冲时期好得多。

毛泽东在军队除认真接受军事训练外，非常重视自学。此时的他在学习一般性的知识外，更多地把注意力放在阅读报刊上，每月饷银大都用于购买报纸、贪读不厌，从而最大可能地获取各方面的知识和信息，研究时事和社会问题。这一时期，他自学最重要的收获，是通过阅读报纸和研究江亢虎的有关著作，了解了社会主义的一些粗浅知识。他把这些知识和同学朋友进行讨论，在知识结构中又注入了一种新的元素。这种元素对他日后的人生轨迹和革命事业产生了很大的影响。对此，他的同学萧三有生动的描述：

"有一次，毛泽东同志在报纸上读到了谈社会主义的文章，此外还看了几种论社会主义的小册子。……对新鲜事物极富感觉和勇于承认真理的毛泽东同志读了之后，满心欢喜，非常赞成。他立即和学生及兵士们谈论它，认为是救人救世的最好的道理。这对他后来自觉地研究和相信科学的社会主义——马克思主义，不无影响，也未始不是一个根源。本来，他离开东山小学已经有一二年了，但还时常和旧日的同学们通信。现在他兴奋得很，把社会主义的道理写信告诉旧同学们。"①

虽然江亢虎对社会主义非常推崇，但他所说的社会主义，只是简单看到了社会主义的一些个别内容，对社会主义的理解是不准确的。但是，不论怎样，毛泽东还是通过他初步接触到了社会主义的一些知识，在知识结构中注入了新的知识要素，而这种知识要素对他几年后接受马克思主义思想不无影响。

（三）图书馆自学，猛烈吸收西方文化知识

1912年秋，因为省立第一高中不能满足求知欲望，且厌恶烦琐的校规，毛泽东离开学校，自己订立了一个读书计划，每天在湖南省立图书馆中读书，由此开始他的第三阶段自学。他严格按照自学计划，每天一早就到图书馆，一直到闭馆才出来，舍不得浪费任何时间。

---

① 萧三：《毛泽东同志的青少年时代和初期革命活动》，人民出版社1949年版。载刘统编注：《早年毛泽东：传记、史料与回忆》，生活·读书·新知三联书店2011年版，第66页。

1936年，他在回忆这一段生活时仍然记忆犹新、颇为自豪，认为这半年自己读了很多书，是极端可宝贵的。他对斯诺讲道：

"我不喜欢第一中学。它的课程太少而规则繁琐。并且，在我读过《御批历代通鉴辑览》以后，我断定还是单独求学的好。六个月后，我离开学校。自己订立了一个读书的计划，规定每天在湖南省立图书馆中阅书。我十分地有规律和专心，在这个方式下费去的半年，我以为对我是极端可宝贵的。早上图书馆一开门我就进去。在中午只花去买两个米饼来吃的时间，这就算是我每日的午餐。每天我留在图书馆中一直读到闭馆的时候。"

在此期间，毛泽东阅读了大量的世界历史地理方面的著作，有关于俄国的、美国的、法国的、英国的，还读了古希腊的诗歌、神话、传奇等。特别是阅读了一批反映18世纪、19世纪西方资产阶级民主主义思想和社会科学、自然科学成就的"严译"名著[1]，其中包括达尔文有关进化论的书籍、亚当·斯密的《原富》、赫胥黎的《天演论》、穆勒的《穆勒名学》、斯宾塞的《群学肄言》、孟德斯鸠的《法意》、卢梭的《民约论》等。通过这些著作，毛泽东比较完整地学习了18世纪、19世纪西方资产阶级的启蒙思想、民主主义思想以及自然科学和社会科学方面的重要成果，极大地丰富了自己的知识内容。

从毛泽东早期接受教育、吸收知识的经历来看，自学是他获取知识的一种重要方式，这种以自学为主的知识接收方式，对他的知识结构、求知特点、个性发展、思维方法以及日后思想发展都产生了深远

---

[1] 指著名翻译家严复所译的外国著作，这些著作对近代中国产生了极大影响，著名的"信、达、雅"翻译标准就是严复提出的。

影响。

　　从这种自主学习的方式来看，青年毛泽东同青年马克思有很大的相似之处：他们在学校中都是对自己喜欢的学科拼命学习，对自己不喜欢的学科则不多投入，靠着独立学习和思考丰富自己的知识体系和思想结构。对这种别具一格的学习方法，梅林在《马克思传》中有过这样的评价："作为一个思想家，马克思在大学时代就已经独立地工作了。他在两个学期中所获得的大量知识，如果按照学院式的喂养方法，在讲堂上点点滴滴地灌输的话，就是二十个学期也是学不完的。"[1]

---

[1] 〔德〕弗·梅林著，樊集译，持平校：《马克思传》，人民出版社1965年版，第18页。

五年半完整的师范教育

1913年春,毛泽东认真思索自己的前程,经过多次选择之后,考入湖南省立第四师范学校读预科。1914年2月,四师合并于湖南省立第一师范学校,毛泽东转入一师重读预科半年,同年秋天,编入一师本科第八班。1918年6月,毛泽东自一师毕业。算上在四师的学习历程,他经历了五年半的系统学习。为表述方便,本书将毛泽东在两所师范学校读书时期统称为湖南一师时期。

湖南一师时期,是毛泽东求学生涯中最系统、最完整、最集中的学习时间。对于毛泽东来说,这段经历是非常宝贵的,在知识积累、学习方法改进、人格修养提升、思想结构形成等方面,都对他有着极其重要的影响。在此期间,毛泽东加强了人格修养和身体素质,形成了成熟的个性特点和行为方式;提升了学习方法,养成了良好的学习习惯和极强的获取知识信息的能力;结交了一批知识精英,开拓了知识视野,丰富了知识结构;大量接触了各种新知识、新思想、新文化,形成了初步的思想结构;开展了丰富的社会实践活动,结交了一大批有志青年,建立了以他自己为核心的学术思想和社会活动团体,为日后领导开展革命实践活动奠定了坚实的人才基础。

　　大体说来，在这五年半的时间中，1916年是一个划分节点：1916年之前，毛泽东着重下功夫的是学习方法的提升、人格修养的训练，是以进一步深入学习国学文化为主的知识积累；1916年之后，毛泽东广泛学习西方哲学伦理学知识，开展了丰富的社会实践和国情调研，以思想独立为特点的思想结构初步形成。

第 2 章

知识储备：
国学为主、中西兼容的复合型知识结构

学习方法的改造提升

知识积累的突飞猛进

复合型知识结构及其深远影响

进入湖南省立第一师范之后，毛泽东的生存环境、生活方式、个性特点、个人兴趣等都发生了重大变化；与此同时，他的学习条件、学习方法，所面对的文化环境、管理规范等也同此前有着极大不同。

1950年毛泽东在同老同学周世钊谈话时说："我没有正式进过大学，也没有到外国留过学。我读书最久的地方是湖南第一师范，我的知识、我的学问，是在一师打好了基础。一师是个好学校。"可见，湖南省立第一师范在毛泽东心目中的重要地位及其对毛泽东思想发展的重大影响。

在湖南一师时期，毛泽东在知识学习、信息吸收、文化接受等方面也实现了新的飞跃。他不断改造和提升学习方法，深化对传统文化的研究型学习，系统学习了西方思想理论和文化知识，同时积极参加新文化运动并猛烈吸收新思潮、新文化，从而形成了以国学文化为主导、中西方文化兼容并蓄的复合型知识结构。

学习方法的改造提升

进入一师之前，毛泽东没有接受过学习方法的教育和训练：其早期私塾阶段是一种给定性的强制学习；三段自学阶段则完全是一种个人兴趣引导式的学习，缺乏知识的系统性和规范性；新式学校虽然讲求知识的规范性和系统性，注重学习方法的培养和传授，但在此期间，毛泽东始终持反对态度，实际仍按照自己的意志学习，合理的学习方法也因之无法形成。正因如此，毛泽东虽然吸收了大量的知识信息，但知识结构始终处于杂乱无章的状态。

进入一师之后，求知的强烈愿望，急遽扩大的知识信息，教师同学的知识状况，学校管理的规范性，都促使他越来越认识到自己在学习方法上的不足。为此，他对自己的学习方法进行了深入检讨，同良师益友进行了广泛深入的交流，着力改造和提升学习方法，力求获得最大的知识储备和信息量。

（一）一群好先生传授读书"秘籍"

进入师范学校以后，不仅学校在管理上有规范性，毛泽东遇到的教师和同学也非等闲之辈。面对良师益友，毛泽东终于开始察觉自己学习方法的问题。

毛泽东在湖南省立第一师范读书期间，学校聚集了一大批知名学者和社会名流，形成了实力雄厚的师资队伍。这些老师对毛泽东学习方法的提升产生了重要影响。

第一位折服毛泽东的老师是袁仲谦。袁仲谦性子刚硬正直，少年时就以名列前茅的成绩经府试入泮，29岁就中拔贡，可以说是当地士人中的翘楚。他一眼就看出毛泽东身上的问题，因此对其屡屡敲打，连毛泽东最欣赏的梁启超文风也被他公开批评。倔老师遇见倔学生，他们的冲突自然不少，可渐渐地，毛泽东在袁仲谦的教导下发觉自己根基的浅薄，最终从善如流地接受了袁仲谦"多读、多写、多想、多问"的读书法，开始精研唐宋八大家的文章。他的文风至此才改弦易辙，独出一格。袁仲谦爱书如命，却愿意把藏书借给毛泽东阅览，还多次和人说"挽天下危亡者，必期斯人也"。

后来四师并入一师，毛泽东的眼界就更广了，遇到了杨昌济、徐特立、黎锦熙等多位良师。

其中以杨昌济对毛泽东影响最大。这位杨先生从1903年起赴国外留学，1909年入苏格兰阿伯丁大学，系统研读西方哲学史、伦理学史以及当时欧洲流行的各种哲学流派的学说。1912年从阿伯丁大学毕业后，他又花费9个月时间到德国考察教育及政治、法律等，是一位游历海外十载、不折不扣的学贯中西之人。杨昌济对毛泽东的影响体现在治学方法、学习重点、政治理想、思想观点等方方面面。尤其是他在读书方法上强调自学，提倡用分析批判的态度进行学习，务求"贯穿古今，融会中西"的主张对毛泽东影响甚大。毛泽东在一师期间之所以能够提出中国文化固然有缺陷，但西方文化也有不足的观点，同杨昌济的影响是分不开的。

虽然受杨昌济的影响最大，但若以频次计，一师期间，在学习方法方面给毛泽东指导最多的应数黎锦熙。他只比毛泽东长3岁，所以二人是亦师亦友的关系。据资料记载，仅仅1915年4月到8月，毛泽东就曾到黎锦熙处请教读书和治学方法、文字学研究、国学学习等问题近二十次，几乎每个周末都去。1915年9月，黎锦熙到北京后，毛泽东还多次同他通信交流学习心得和体会。正是在黎锦熙的指导下，毛泽东调整了过去杂乱无章的读书方法和治学方式，开始有选择、有计划、有秩序地读书，开始先近后远、先博后约、克服偏科、注重各门科学与社会实际的联系。

徐特立在学习方法方面也给毛泽东很大帮助。毛泽东过去的学习主要是自学，在阅读上求多求快，但不精细也不系统；徐先生在同毛泽东及其他同学谈话时，特别强调"读书以少为主，以彻底消化为主"，提出了"不动笔墨不看书"的读书之法，毛泽东深得此法，在一师期间写下了几大网篮的笔记。

（二）一群青年才俊相互切磋

除了向老师们请教，毛泽东坚信学问"用之则弥盛"，所以特别注意与同学加强交流，探讨学习方法。

当时的湖南省立第一师范可谓人才济济，不仅有蔡和森、萧子升、萧子暲（即萧三）、陈昌、张昆弟、罗学瓒、周世钊、李维汉等青年才俊，连本来已是秀才、比毛泽东大17岁的何叔衡，也一起考了进来。他们大都出身贫寒，但立志报国。正因如此，他们相互之间经常交流学习体会，共同探讨救国救民的道路，在思想认识上共同进步。

除了结交一师的才俊，毛泽东还按自己名字的笔画数取名"二十八画生"，破天荒地广招朋友。在那个男女大防未开的时代，这份征友启事传播极远，诸多有志男女青年如罗章龙、李立三、向警予（女）、陶毅（女）等，都加入了毛泽东的"朋友圈"。

毛泽东和这些年轻朋友一起，先后成立了哲学研究小组、新民学会等团体，他们一起在岳麓山栉风沐雨，于橘子洲畅谈人生。当然，交流学习心得才是这个"朋友圈"的首要任务。在毛泽东看来，学问主要就是在相互质疑问难中获得的，即"于书本得者少，于质疑问难得者多"[①]。

1915年6月25日，在给朋友的信中，毛泽东坦白自己过去认识不正确，好独辟蹊径，厌恶学校教育，不注重课堂学习，这些是不对的。因而"决定为学之道，先博而后约，先中而后西，先普通而后专门"。他特别强调要加强朋友之间的学习交流，认为街头巷尾、商贾屠夫之辈中也有"非常之人"，应当多交朋友，多加留意。

1915年9月6日，在致萧子升的信中，毛泽东谈到自己与黎锦熙交流学习方法，收获颇多，认识到学习研究一定要把通和专结合起来，把新和旧结合起来，"通为专之基，新为旧之基"。[②]

毛泽东就读一师时，中国正值多难之秋，袁世凯当政屡屡出卖国家权益，而阿谀逢迎、昏昧无知者比比皆是，可谓举世昏沉，唯数人独醒。所以他对志同道合的同学感情很深。一位叫易昌陶的同窗去

[①]《毛泽东早期文稿》，湖南人民出版社2008年版，第12页。
[②]《毛泽东早期文稿》，湖南人民出版社2008年版，第20页。

世，他悲愤不能自已，写下"胡虏多反复，千里度龙山，腥秽待湔，独令我来何济世；生死安足论，百年会有役，奇花初茁，特因君去尚非时"的悲怆挽联……

经过几年的交游，毛泽东身边逐渐形成了一个有志青年组成的团体，一个共同的组织呼之欲出。

1918年4月，在毛泽东、萧子升、蔡和森等领导下，新民学会成立。该会谋求提升会员的品行修为和学术进步，进而从事政治活动并改造中国社会。毛泽东亲自起草学会的章程。新民学会的会员，多是毛泽东在读书时期的同学、朋友，他们中的大部分成为中国共产党的早期领导人，还有一部分成为文化教育界的名流，为国家做出了很多贡献。

（三）形成合理有效的学习方法

在同老师、同学、朋友的交流过程中，毛泽东在学习方法上有了极大的提升，形成了符合自身特点的合理的学习方法：

一是注重自学与交流相结合，既坚持独立自主地读书学习、独立思考，又高度重视交流切磋，从而相互促进、共同进步，防止闭门造车。

二是坚持博观与专攻相结合，既广泛涉猎各种文化知识、思想理论和时政信息，同时又集中攻读某些学科，如从1915年开始在哲学、伦理学等方面下功夫。

三是注重旧学与新学相结合，既认真学好中国传统文化知识，阅读大量的国学典籍，掌握国学大要，又广泛吸收学习各种新文化、新知识、新思想，如对陈独秀、胡适等掀起的新文化运动加以高度关注。

四是辩证对待中西文化,既看到中国传统文化的不足而吸收西方文化的优点,同时也注意吸收中国文化的精华并对西方文化的糟粕予以剔除。

五是重视知识积累与条理的关系,既要通过苦学尽可能扩大知识存量,同时也要使知识结构更有条理、更成系统,避免知识结构如早年那样庞杂无序。

六是在急剧变化的时代中,把握快速变化同持之以恒的关系。既随着社会文化的发展而学习吸收最新的知识,同时也要以持之以恒的态度巩固自己的知识体系,决不朝三暮四、中道而辍。

1917年夏,在为萧子升的读书札记《一切入一》作序时,毛泽东阐述了自己对于读书治学的基本看法。他从积累、博学、求精、条理、有恒等几个方面阐述了治学的要求,这些要求可以说是他自己在一师时期学习方法的一个概括和总结。正是运用这些方法,他在学习吸收中国传统文化、西方文化知识和新思潮新文化方面取得了显著的进步。

知识积累的突飞猛进

学习环境的改变，学习方法的提升，促使毛泽东在知识学习、信息吸收、文化接受等方面实现了新的飞跃：他深化对传统文化的研究型学习，系统学习西方思想理论和文化知识，同时积极参加新文化运动并猛烈吸收新思潮、新文化，知识储备快速增加。

（一）传统文化的深度研读

进入湖南一师时期后，毛泽东始终重视国学文化学习，尤其是1916年之前，他一直把中国传统文化作为知识吸收和思想发展的基础和重点，明确提出必须通国学大要。

1915年6月25日，在致湘生的信中，他以康有为和梁启超二人为例，说明必须要首先了解国学思想，然后再考虑学习西方文化，也就是先中后西。在他的心目中，"来日之中国，艰难百倍于昔"，要有奇杰才能救国，而奇杰必须贯通中西学术，必须以贯通国学为首要任务。

1915年9月6日，在致萧子升的信中，毛泽东明确提出，对于中国文化必须广泛了解、全面把握、通其常识。

1917年8月23日，在致黎锦熙的信中，他仍然强调要重视国学文化的学习和积累，要把握中国文化的精髓。也就是说，在毛泽东看来，对国学文化的学习不是一时的事情，而要长期进行，深入学习和研究。

正是基于这种认识，毛泽东在一师期间，制订了详细的国学知识学习计划，深入学习重要经典著作，力求掌握国学文化的精髓内容。创作于1913年下半年的课堂笔记《讲堂录》，就能够反映毛泽东当时广泛学习国学文化的情况。笔记所涉及的内容非常广泛，包括中国古代哲学、史地、诗文、数理等，对古今名人治学、处世、治国和有关伦理道德的言行记录颇多。具体而言，在杨昌济等老师的影响和帮助下，他认真阅读的国学著作包括先秦诸子、宋明理学、陆王心学、明末清初启蒙思想（特别是顾炎武、颜习斋、王船山等人的思想），以及楚辞、汉赋、《史记》《汉书》、唐宋古文和桐城派的散文等文学内容，还有近代湖湘知名人物（如曾国藩、谭嗣同、唐才常等）乃至本省的地方志……这些著作深化了他对中国传统文化的了解，使他积累了深厚的国学功底。

他不仅用心研读国学经典，而且把中国传统文化知识运用到进一步的学习研究过程中，以此为核心展开对新知识的选择和评价，从而使中国传统文化成为知识结构中的主导性元素。

1917年发表在《新青年》上的文章《体育之研究》，就很能反映他当时对国学文化的娴熟把握。文中引用了大量的古代典籍和人物作为例证，如"仲尼取资于御射"，"庄子效法于庖丁"；从《论语》《礼记》《中庸》《孟子》《庄子》《史记》以及韩愈的文章中，共引用典故、成语和诗文约 20 条，涉及中国古代人物 16 人；文中还特别标举顾炎武、颜习斋、李恕谷为文武兼备、德智体三育并重的师表，称赞备至。在《〈伦理学原理〉批注》中，他广泛引用中国传统文化的有关内容，特别是儒家学说来进行对照、比较、发挥，把中国古代思想同西方思想家的观点进行对比分析。例如，在阅读直觉论思想时，他评论："孟轲之义内，王守仁之心即理，似均为直觉论"；在阅读到康德重视义务意识时，他以宋代理学家"存天理灭人欲"的观点来对比，说中国宋儒之说与康德相同。

上述情况表明，在青年毛泽东信息接收、知识学习的过程中，中国传统文化知识始终处于中心位置，不论在数量上还是在知识选择的方向上，都处于核心的主导性地位。中国传统知识成为其选择、吸收、评价其他各类知识要素的基础和标准。

（二）西方文化的全面学习

在进入湖南省立第一师范之前，毛泽东通过自学的方式阅读了一些严复翻译的西方名著，对西方资产阶级启蒙思想和近代社会科学、自然科学成果，有一些基本掌握，但那时他对西方文化的学习缺乏系统性和规范性，并受到阅读文本的限制，因而并不全面。进入湖南省立第一师范之后，情况发生了根本性变化，毛泽东比较系统地阅读了西方思想文化的有关著作，特别是在杨昌济的指导下，对西方近代哲学、伦理学思想进行了深入的学习研究。

杨昌济在国外留学的 10 年间主要攻读西方哲学、伦理学、教育学，系统研读过西方哲学史、伦理学史以及当时欧洲流行的各种哲学流派的学说，对伦理学上的禁欲、快乐、功利、利己、利他等种种主义深入研究。同时,他非常注意考察英国的风俗习惯、政治制度、思想文化等,大至言论自由、通信自由,小至不说谎、不随地吐痰等文明礼貌,都加以注意,作为借鉴。在湖南省立第一师范期间,杨昌济教授修身、哲学、伦理学、教育学等课程,教学时广泛介绍西方各种思想理论,普及西方文化知识。毛泽东和杨昌济交往颇深,受其熏陶,对西方思想文化进行了深入的研读。

1915年5月,毛泽东同蔡和森、陈昌、萧子升等组成哲学研究小组,请杨昌济担任指导教师,定期讨论哲学和伦理学问题。在杨先生的指导下,毛泽东对古希腊哲学、近代西方哲学(特别是康德哲学)等做了深入学习。1916年后,毛泽东把学习的重点集中在哲学、伦理学等方面,对西方的哲学、伦理学思想更是做了深入系统的研究。1917年,杨昌济编译的《西洋伦理学史》甫一编就,就把手稿送给毛泽东阅读,毛泽东接到后,认认真真地将一套七本书全部抄录一份研究,并同同学们一起讨论。

1917年下半年到1918年上半年,杨昌济在修身课上讲授泡尔生的《伦理学原理》,毛泽东以此书为蓝本,对西方思想文化做了广泛的涉猎和评析,写了大量批语,内容涉及西方哲学、伦理学、政治学、改良主义、民主主义以及西方政治制度、文化观念、思维方式等多方面的内容。在哲学上,他对柏拉图、亚里士多德、奥古斯丁、培根、斯宾诺莎、莱布尼茨、康德、费希特、叔本华、尼采等人的思想理论都有评论;在历史方面,他对宗教改革、文艺复兴运动、弗里德里希二世等也有涉猎;在自然科学、社会科学、文学艺术方面,他对政治家梭伦、历史学家赫西奥德、航海家哥伦布、政治家克伦威尔、博物学家达尔文等都有论述。

从这些情况来看，毛泽东在一师期间，对西方文化知识和思想理论有广泛的涉猎，形成了比较系统和全面的认识，从而使西方文化成为其知识结构中的主要构成部分。而且，毛泽东在学习西方文化知识时，不再是像早年那样囫囵吞枣、不加分析地学习，而是有批判、有分析、有主见地学习。他将西方文化同中国文化进行比较，在此过程中，对西方文化做出了独立判断，既看到其优势，也发现其不足。

（三）新文化思想的学习和实践

进入湖南一师时期后，毛泽东的政治意识日益明确，确立了改造中国的社会政治理想，为此，他以极大的热情去搜寻和掌握各种救国救民的新知识新思想。当时正在兴起的新文化运动正好给他提供了这样的思想文化条件。

1915年9月，陈独秀主编的《青年杂志》创刊，大量介绍新文化新思想，立即在国内思想界引起强烈反响。特别是1916年，该刊从第2卷改名《新青年》后，思想更加激进，明确树起民主和科学的大旗，大力提倡以资产阶级民主主义为核心的社会政治学说以及西方自然科学成果，主张彻底摧毁封建主义政治制度和思想文化，实现民主自由和个性解放，新文化运动蓬勃开展。

在毛泽东的师友中，杨昌济、黎锦熙等都是具有新思想的学者，他们一开始就积极推介和参与新文化运动。杨昌济不仅自己订阅了几份《新青年》杂志，推荐给毛泽东等人阅读，还在第2卷第4、5号上发表《治生篇》。在杨昌济的倡导和推动下，毛泽东很快成为这个杂志的热心读者，积极从中吸收新思想、新文化，并且十分崇拜陈独秀和胡适所作的文章。毛泽东不仅热衷阅读《新青年》、参加新文化运动，而且在这个刊物上发表过《体育之研究》一文，成为当时《新青年》作者群中为数不多的学生作者。

  毛泽东当时接受的新思想新文化，在他当时的通信、读书笔记中都有充分的体现。在 1917 年 8 月给黎锦熙的信中，他大力提倡哲学革命、伦理学革命，主张"从哲学、伦理学入手，改造哲学，改造伦理学，根本上变换全国之思想"。此举在一定程度上说，就是陈独秀的思想主张，因为就是在 1916 年，陈独秀提出了"伦理觉悟是吾人最后之觉悟"的论断。在 1917 年 9 月 22 日，同蔡和森、张昆弟的谈话中，毛泽东就对陈独秀做出了高度评价，认为陈独秀是同谭嗣同一样的伟人，这个评价同他两年后在《湘江评论》中对陈独秀的评价大体是一致的，在那时他更明确地提出陈独秀是"思想界的明星"。他还提出，要像陈独秀主张的那样对中国传统文化进行彻底摧毁并加以改造。这一观点在《〈伦理学原理〉批注》中同样可见，从批注中可知贯穿在毛泽东思想当中的就是以资产阶级个人主义为核心的激进民主主义思想，大力提倡个人解放和个性实现。

复合型知识结构及其深远影响

从早年知识吸收的进程来看，毛泽东所接纳的思想文化和知识信息是非常丰富的，基于他本人敢于超越的性格特征和周边快速变迁的文化环境，他的知识结构也发生着急遽的变化。一个人的知识结构是按照一定组合方式和比例关系，由各类知识所组成的，这些组成知识在地位上一般不是等同的。毛泽东也是如此，随着知识结构的急遽变化，他的知识结构中具有主导性地位的知识要素不断易位。

在不同时期，传统国学文化、维新派思想、改良主义文化、资产阶级革命派思想、西方资产阶级启蒙思想、西方近代哲学伦理学思想等，交叉成为毛泽东知识结构中的主导性知识要素。不过随着年龄的不断增长、知识的日益积累和思想结构的逐步确立，毛泽东知识结构的急遽变迁逐步完成。到了湖南一师时期的后期，各种知识要素已经在毛泽东的知识结构中获得相对稳定的地位，以国学文化为主干、中西文化知识兼容并蓄的复合型知识结构基本形成。

这种知识结构有两大特点。

首先，中国传统文化知识是毛泽东长期学习吸收的重点内容，在其知识结构中处于主导地位。

一方面，传统文化在量的积累上处于绝对优势地位。在少年时期，传统文化知识几乎是毛泽东知识吸收的全部内容，在知识存量上具有绝对优势。虽然在后来的一些特定时间段中，他学习的重点有所改变，其他的知识要素暂时呈现在知识结构的显在位置，处于主导地位，短时间内在数量上迅速扩张；但是他对传统文化知识的学习始终没有停止过，尤其是在湖南一师时期的前半期。在此期间，他对传统文化进行了深入的研究性学习，不仅大量阅读了国学文化的经典文献，而且深入把握了传统文化的精髓。故而从总体上看，传统文化知识在其知识结构中的存量一直是最大的，尽管他曾经猛烈吸收过新学、西学知识，但是这些知识要素的积累量是远远不及的。

另一方面，幼年获得的传统文化知识，已经沉淀到毛泽东个人记忆的底层，凝结为知识结构内核。一切后来的知识要素都围绕着这个核心叠加，而这个知识内核则时常浮出知识结构的表面，同后来的各种知识发生碰撞、交叉。从结果上看，后来的知识要素或者是补充了传统文化，或者是改造了传统文化，或者是颠覆了传统文化，但是它们都离不开传统文化这个基础，都或多或少地附加上了传统文化的元素。尤其重要的是，传统文化知识是毛泽东吸收、选择、评价后来的各种知识元素的重要依据甚至基本标准，后来加入的知识要素被肯定也好、被否定也好，都离不开它们同传统文化知识的关系。这一点在前文的介绍中已充分表明，不论是西方文化知识还是新文化运动中的新思想新文化，都被毛泽东拿来同传统文化进行对比，进行选择。

其次，毛泽东的知识结构并不是单一性的，而是兼容并蓄各种知识要素所形成的复合型知识结构。除了中国传统文化知识之外，他大量吸收了外来的各种知识文化要素，以及当时刚刚兴起的新文化运动中产生的新思想、新文化，这些内容构成了其知识结构的重要因素。这些要素在总量上虽然赶不上传统文化知识，但是对毛泽东的知识结构和思想发展产生了强烈影响。正因这些知识要素的不断融入，毛泽东的知识结构长期处于变动状态，各种知识要素因之不断重新定位，在特定时期内成为其知识结构的显在要素。特别是，当时正在兴起的新文化运动中的新观点，因为同毛泽东思想发展的方向具有内在的一致性，因此成为他判断分析各种文化知识和思想观点的重要依据。

以国学文化为主干、中西文化知识兼容并蓄的复合型知识结构，在其思想转变以及转变之后的思想发展历程中，产生了重大的影响。具体表现为以下几点。

第一，思想鉴别更加复杂但思想内容更加丰富。

知识结构是先于思想结构出现的，并且和思想结构的形成有密切关系。因为知识结构的复杂性和丰富性，毛泽东在思想结构转变的过程中，必须对这些既有的知识要素进行比较、分析和鉴别，以确定哪些要素符合思想发展的方向，哪些同自己的思想信仰不协调不一致，哪些需要清理或调整，这就增加了思想鉴别的复杂性。而且，毛泽东的知识结构始终处于开放性状态，每一种新的知识要素出现后，他都以极大的兴趣去接收，并以最快的速度将其纳入自己的知识结构中。这些新加入的知识要素会同原有的知识要素认同并结合起来，这就更增加了进行思想鉴别的难度。五四运动前后，面对猛然呈现在自己面前的各种新的思想理论，毛泽东就不加选择地一股脑接纳过来，从而使自己的知识结构更加复杂，因而在思想转变之时所进行的思想鉴别也更加艰辛。

但是，正因为知识结构的丰富和复杂，一旦毛泽东明确了思想发展的方向，确立了主导性思想要素，实现了思想结构的根本性转变之后，这些复杂的知识要素就可以转化为独立思想的有机组成部分，被纳入其思想结构当中，他的思想内容就更加丰富。在日后的思想发展进程中，毛泽东之所以能够对各种知识、各种观点信手拈来，为自己所用，与他早年积累下来的丰富知识是分不开的。

第二，思想清算更加艰辛但思想转变更加深刻。

由于各种知识要素在其头脑中都获得了存在的地位，都留下了深厚的影响，所以当毛泽东开始进行思想转变之时，他必须要对已经储存在知识结构当中的各种知识信息、思想观点进行系统而深刻的整理。这个思想清理的过程，就是以自己选择的主导性思想要素为依据，剔除各种知识要素中包含错误思想倾向的成分，吸收其有效成分，使这些知识要素真正转化为思想结构中的有机构成。

因为毛泽东的知识结构具有复杂性，各种各样的思想倾向就都得以包含其中，并不时浮出思想表层，影响其思想发展方向和对重大问题的判断，成为其思想转变的阻碍性力量。为此，他要彻底完成思想清理，就需要花费更长的时间和更大的精力，因为他不可能简单地把先前的各种知识、各种思想放在一边，直接接纳一种被他认为合理的思想观点作为主导。这也是为什么和同时代的人相比，毛泽东的思想转变并不是最快的。事实上，在把马克思主义作为主导性思想要素，确立马克思主义的信仰，选择走十月革命道路的转变上，毛泽东的好朋友蔡和森、彭璜、邓中夏等在时间上都比他早，就连年龄小他不少、在他的帮助下赴俄留学的刘少奇、任弼时等都比他早。

思想清算越是艰辛，其转变就越是深刻和彻底，毛泽东在完成思想转变之后，对马克思主义的选择和信仰就再也没有动摇过。虽然他仍在不断接纳新的知识要素，但是这些要素都能够被合理地整合到以马克思主义为根本方向的思想结构当中。

第三，思想冲突更加激烈但思想结合更加完善。

作为毛泽东主导性知识要素的传统文化，既有优秀合理的内容，也有大量的封建主义糟粕。它们同毛泽东在思想转变之时所选择的马克思主义理论之间，既有可以融合的因素，也有很多冲突的内容，这就使得他的思想结构中这两种要素之间长期发生冲撞。例如，当时毛泽东思想深处的圣贤救世历史观、变化民智的改良主义、大同社会的空想主义理想等，大都来自传统文化，这些内容同他要选择的马克思主义的唯物史观、科学社会主义理想等，发生了尖锐的冲突，导致他在选择上更加艰辛和复杂。而且，在日后的思想发展中，传统文化中的一些糟粕，不时会升腾到他的思想当中，影响其思想的纯洁度。

作为毛泽东知识结构中重要元素的西方思想文化，同马克思主义之间也是如此，有可以融合的方面也有冲突的内容。毛泽东在思想转变的过程中，就同无政府主义、社会民主主义、空想社会主义、基尔特社会主义等进行过艰苦的斗争。

但是，思想冲突的过程也是认识加深和思想鉴别的过程，正是因为他的知识存量中有着如此丰富的内容，并对各种思想文化做了更加深刻的认识和鉴别，他才能在日后的思想建构中，更好地把这些思想文化同马克思主义有机结合起来，从而将马克思主义普遍真理同中国的具体实践和历史文化有机结合，成为马克思主义中国化实践和理论创新的杰出代表，实现马克思主义中国化的历史性飞跃。这些了不起的成就，同他深厚的传统文化积累是分不开的，传统文化构成了中国化马克思主义的知识基础。在这个方面，李大钊、陈独秀、周恩来等中国早期马克思主义者都和毛泽东有相同的地方，他们都有深厚的国学积累，能够很好地把马克思主义基本理论同中国文化相结合，所以能在马克思主义中国化的进程中做出巨大成绩，而那些缺乏国学功底的人则往往陷入教条主义当中难以自拔。

早年毛泽东主要处于接纳各种外来信息和吸收各种文化知识的阶段。强烈叛逆而勇于超越的性格，知识兴趣的快速转换，极富个性特色的获取知识方式，使他的知识储备始终处于急遽变迁和快速拓展的过程中，知识结构快速变化，知识元素混杂共存，知识存量快速丰富。

在湖南一师时期的五年半系统学习，使毛泽东进一步丰富了知识素养，在知识学习、信息吸收、文化接受等方面实现了飞跃。湖南省立第一师范毕业之际，他的知识结构逐步确定，初步形成了以国学文化为主干、中西文化知识兼容并蓄的结构，但知识结构的变迁依然在进行当中，直到他真正完成了自己的思想转变，形成了独立的思想结构后，他的知识结构才稳定下来，开始在思想结构的主导下实现有方向的增量发展。

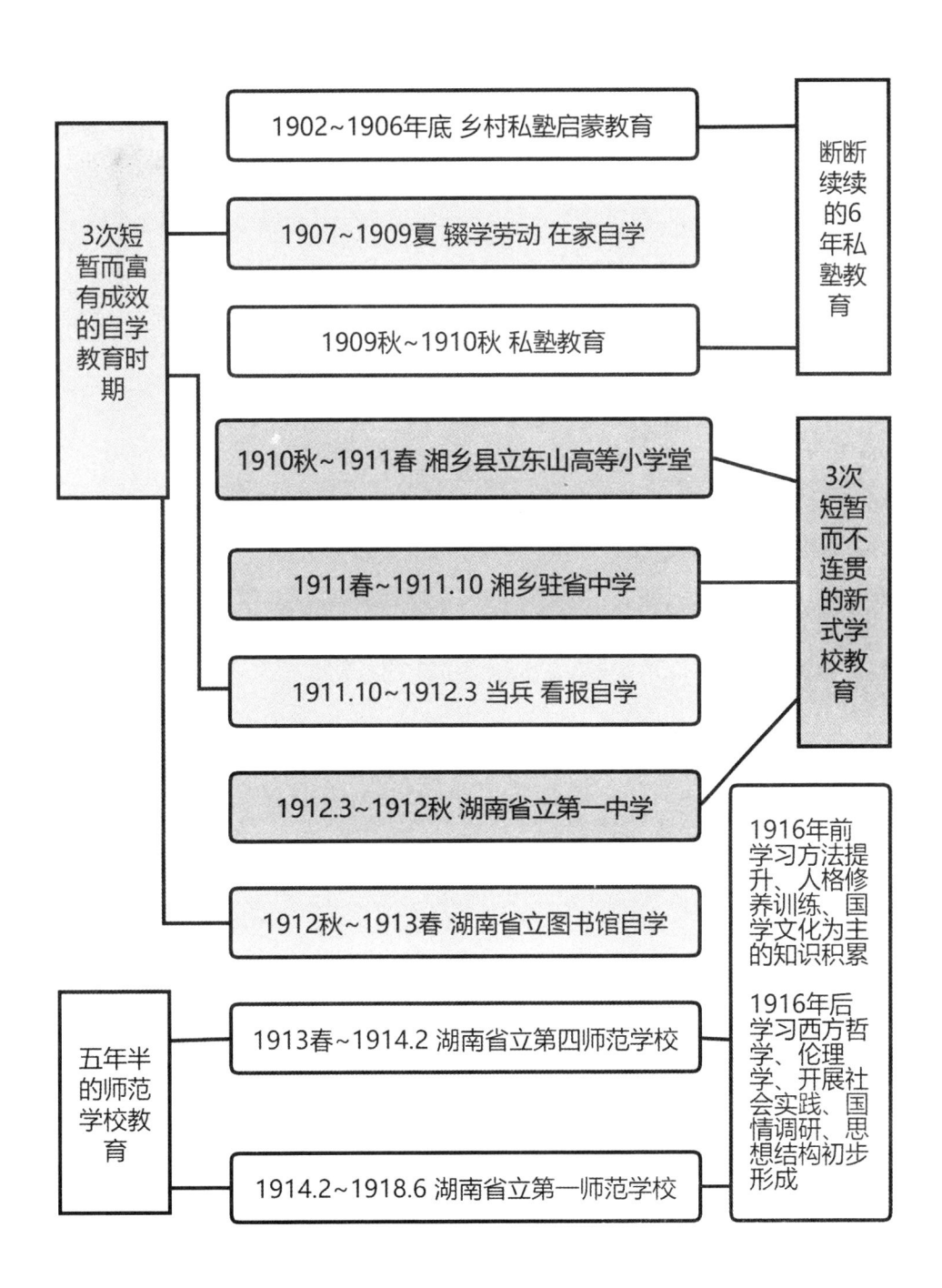

第2章 知识储备：国学为主、中西兼容的复合型知识结构

```
                ┌─ 1902~1906年底 乡村私塾启蒙教育 ─┐
                │                                    │  断断
     3次短      │                                    │  续续
     暂而富     ├─ 1907~1909夏 辍学劳动 在家自学 ──┤  的6
     有成效     │                                    │  年私
     的自学     │                                    │  塾教
     教育时     └─ 1909秋~1910秋 私塾教育 ──────────┘  育
     期
                ┌─ 1910秋~1911春 湘乡县立东山高等小学堂 ─┐
                │                                          │  3次
                │                                          │  短暂
                ├─ 1911春~1911.10 湘乡驻省中学 ───────────┤  而不
                │                                          │  连贯
                │                                          │  的新
                ├─ 1911.10~1912.3 当兵 看报自学 ──────────┤  式学
                │                                          │  校教
                │                                          │  育
                └─ 1912.3~1912秋 湖南省立第一中学 ────────┘

                   1912秋~1913春 湖南省立图书馆自学
                                                              1916年前
                                                              学习方法提
     五年半                                                   升、人格修
                ┌─ 1913春~1914.2 湖南省立第四师范学校          养训练、国
     的师范     │                                             学文化为主
     学校教     │                                             的知识积累
     育         │                                             1916年后
                └─ 1914.2~1918.6 湖南省立第一师范学校          学习西方哲
                                                              学、伦理
                                                              学、开展社
                                                              会实践、国
                                                              情调研、思
                                                              想结构初步
                                                              形成
```

第3章

思想初成：
走出校门时的思想及其内在冲突

影响思想形成的社会文化基础

初步社会实践对思想发展的影响

思想结构初步形成，发展方向尚不确定

从 1913 年春到 1918 年 6 月，毛泽东经历了为期五年半的湖南一师时期。对于毛泽东来说，进入湖南一师时期意味着生存和生活方式的重大变化。

首先，从生存环境来说，他摆脱了信息封闭、思想落后的偏远山村，正式进入了一个信息开放、思想活跃的现代校园。

其次，从个人身份来说，他从一个处于社会底层的山村农民或城市流浪者，上升为一个具有一定社会地位的青年知识分子。他不再是一个封闭山村的农家子弟，也不再是一个城市中漂泊不定、生活无着的自学青年，而成为一个中等师范校园中的青年学子。

再次，从生活方式来说，他从在山村从事繁重农业劳动、简单商业活动或者在城市凭着爱好进行自学活动的生活方式，转换为中等师范校园里衣食无忧的读书学习。

最后，在个人志趣方面，他从一个立志成名、追求个人成就的懵懂少年，朝着一个立志救国救民、改造中国和世界的有为青年发展。

虽然他在经济上尚未完全独立、思想上尚未真正成熟、职业上尚未明确定位，但已基本上摆脱了严酷父亲的看管、山村家庭的束缚和生活无着的窘迫，并日益从散漫的个体性生存方式走向了规范的社会性生存方式，从个人奋斗式的发展方式走向了集体奋斗的发展方式。生存生活方式的转变，在其个人性格、思维方式、行为习惯、知识结构、思想走向等方面产生了极大影响，成为其建构思想结构的潜在基础。

影响思想形成的社会文化基础

毛泽东在湖南一师时期，中国的社会文化正处于一个激烈动荡、内在冲突、快速变迁的时期，他的思想也随着这种客观世界的变动而发生极大变化。与此同时，他所处的思想文化环境和学校文化氛围对他的思想形成产生了重要影响。

（一）激烈动荡的社会文化环境

毛泽东在师范读书的五年半时间，正是国内外社会政治激烈动荡的时期。在国内，政治制度更替方始未定，帝制复辟接踵而至，军阀争斗连绵不绝；在国外，帝国主义掀起瓜分世界的狂潮，第一次世界大战烽火连天。在此背景下，国内思想文化激烈冲突，新旧思想交织纷争，新文化运动猛然崛起。在控制下抗争、在彷徨中寻路、在沉闷中呐喊，构成了当时思想界的基本格局。

辛亥革命之后，中国延续几千年的封建君主制度土崩瓦解，从西方引进的民主共和政治制度初步确立，新的社会政治制度和社会治理模式，引起了社会结构的激烈变动，各种政治势力在初建的政治制度中激烈斗争。封建专制势力死而不僵，企图借尸还魂、卷土重来；资产阶级民主力量羽翼未丰，在封建势力冲击下勉力维持，但力不从心。由此，新的政治制度和体制在降生之初就步履艰辛，几经颠覆。

曾在18岁参加新军、为革命扛过枪的毛泽东当时并不知道，在这场大革命中就任临时大总统的袁世凯，谋求着恢复帝制、自我加冕。经过几年准备，1916年初袁世凯终于黄袍加身，粉墨登场。此举虽然在全国人民的反抗下草草收场，但给初建的共和国以重重一击。复辟的袁世凯阴魂未散，1917年，辫帅张勋又率兵入京，拥立废帝溥仪制造了一次短命的复辟闹剧。两次复辟闹剧虽然都未竟而终，但初步建立的民国几乎未壮而夭。

在帝制复辟与共和政治交锋的过程中，大小军阀各霸一方，割据混战不休，国家统一难以实现。毛泽东所在的湖南，处于南北对峙的要冲，是军阀混战的重地，北洋军阀盘踞湖南以制两广，粤桂军阀则以湖南为北进枢纽。短短几年内，湖南就先后为北洋军阀汤芗铭、傅良佐、张敬尧，以及湖南军阀程潜、谭延闿等所统治，成为南北军阀长期拉锯的战场。南北军队你来我往，连天战火几乎不停，就连湖南省立第一师范等众多学校也多次成为驻兵之地。

军阀混战在给人民带来深重灾难的同时，进一步加深了中国的半殖民地化。

想理解这一时期军阀混战的内因，就必须考虑其背后的帝国主义阴谋。比如袁世凯为了黄袍加身，就于1915年5月，不惜出卖国家民族利益，接受日本旨在灭亡中国的"二十一条"，以博取日本的支持。当然，日本帝国主义势力向中国的渗透是由来已久的，尤其是在

第3章 思想初成：走出校门时的思想及其内在冲突

1914年8月第一次世界大战爆发后。当时欧洲各帝国主义国家先后卷入战争，无力顾及对中国的侵略，而日本人则趁机在短短一年时间中，出兵山东、强占青岛，并以武力控制胶济铁路，使中国面临亡国灭种的危机。与袁世凯类似，南北各系军阀中有很多为了保全或扩张自己的势力，也各自寻找帝国主义主子。各国列强则借此机会按照密谋划分的势力范围，把侵略的魔爪伸向中国的各个角落，在中国扶植自己的势力，加剧军阀之间的混战和国家的分裂，从而借机扩张在华利益。

社会政治的动荡不安，在思想文化界引起极大震荡，造成空前混乱，新旧思潮之间激烈交锋。同帝制复辟的政治实践相适应，封建专制的旧思想沉渣泛起，尊孔思潮甚嚣尘上，"定孔教为国教"的呼声响彻中国文化天空，文化保守主义冲击着人们刚刚开始解放的头脑。而民主共和实践上的挫折，也确实让人们产生了彷徨犹豫。民主究竟是什么？民主政治是否适合中国？这些迫在眉睫的问题人们不能不深刻反思，不能不进一步探索，"思想补课"势在必行。

由此，高举民主与科学大旗的新文化运动勃然兴起，西方民主主义政治思潮在中国思想界迅速传播。在此背景下，西方资产阶级思想大量被引入中国，连同此前引入中国的西方思想一起，构成了中国思想界中极其复杂的思想大杂烩。资产阶级改良主义和启蒙思想，各种形式的社会民主主义、空想社会主义，激进民主主义，君主立宪思想等，并存于中国思想界。其中，以陈独秀为传播代表的激进民主主义思想，代表了当时中国思想文化的先进方向，引起了包括毛泽东在内的一大批青年知识分子的强烈兴趣，同时也遭到守旧派的围攻。

毛泽东就是在这样的社会政治和文化背景下度过了在师范学校的

五年半时间,其间他耳闻目睹甚至亲自经历了上述的政治活动和思想运动,对个人思想产生了巨大影响。

面对中国政治动荡、军阀混战和半殖民地化日益加深的现实,毛泽东的爱国主义情感不断加深,救国救民的志向更加坚定,探寻改造中国道路的愿望更加强烈。为此,他更加猛烈地学习吸收各种文化知识和思想理论,以求从中获得思想武器和行动指南。

正因如此,他的思想中充斥着各种各样的理论观点,形成了一个有趣的大杂烩,如他自己所说:

"在这个时期,我的头脑是自由主义、民主改良主义及空想社会主义的有趣的混合物。我模糊地景仰'十九世纪民主主义'、乌托邦主义和旧式的自由主义,但是我坚决地反对军阀和帝国主义。"[①]

(二)源远流长的湖湘文化学统

一踏入湖南省立第一师范的校门,毛泽东就首先被浓厚的湖湘文化氛围所熏染。

湖湘文化的学统渊源,可以追溯到宋代的湖湘学派。南宋时期,胡安国、胡宏父子在衡山余脉上的隐山创建书堂、书院,开湖湘学统之先河。继而,思想大师张栻先后主持城南书院与岳麓书院,并与理学大家朱熹在长沙会讲,朱张会讲留下了湖湘学派的学术渊源。

湖湘学派自那时起逐步形成了自己的独特风格:一方面,该派奉程朱理学为正宗,注重内圣之道(内修圣人之德),倡导性理之学;

---

① 〔美〕斯诺(Snow.E.)笔录,汪衡译,丁晓平编校:《毛泽东自传》(中英文插图影印典藏版),中国青年出版社2014年版,第49页。

另一方面，又重视外王之术（外施王者之政），大力提倡实学。这种风格被后来的历代湖湘学人所传承。

明末清初之际，大思想家王夫之（王船山）成为湖湘学派涌现的代表。他早年就学于岳麓书院，明亡后一度举兵起义，南明败亡后转徙于湘西山区，发愤著书40年，终成船山学术。他建立了理依于气、器体道用、知行相资的哲学体系，提出理势合一的历史观，突出强调理论与实际相结合，成为近代启蒙思想的重要理论源泉和近代湖南学风的肇始。青年毛泽东曾下大力气研读船山遗著，深得其思想精义，特别是其实事求是的治学态度和思想传统。

船山之后，清末思想家魏源成为湖湘文化的杰出代表。他开启了近代思想发展的先河，提出"师夷之长技以制夷"的口号，揭开了近代文化的序幕。鸦片战争前夕，他强烈呼吁关心社会现实，提出"贯经术、政事、文章于一"。鸦片战争后，他根据形势需要，转向学习西方，穷十年之力编写《海国图志》，大开中国人的眼界，引起了传统文化心理结构的巨大震荡，打开了通向洋务运动与维新运动的闸门，增加了湖湘学术的新鲜成分，在湖南士子中影响深远。

魏源之后，湖湘学派的集大成者是曾国藩。他早年就学于岳麓书院，接受系统的经学教育和湖湘学风的熏陶。太平天国兴起后，他投笔从戎，建立湘军，维护圣教理学。但是，曾国藩绝不是空谈性理，而是提倡经世致用之学，创理学经世派，于义理之中增加"经济"（此指经世济民、治理国家）之学，提出要兼通义理、考据、辞章、经济四门学问。其中，义理是指导思想，经济是落脚之处。在镇压太平天国的实践中，曾国藩深刻认识到"师夷长技"的重要性，提出兼采西学之长，"师夷智以造炮制船"，开启洋务运动之先河。曾国藩兼重义理与实学的作风、"中体西用"的文化交流模式，对湖湘学风的演变具有重要影响，更深刻影响了近现代中国的思想文化。在湖南一师时期，毛泽东曾系统研读《曾文正公家书》《曾文正公日记》等著作。

湖湘学派的这种内外结合、理实两顾的风格，逐步形成了以推崇性理哲学、强调经世致用、主张躬行实践为基本特征的湘士学风。湘士学风锻造了湖南人的特殊性格结构，湖南学人因之大多关心世事，热衷于投身政治活动。

特别是在近代以来的中国政治和思想界，湖南涌现了一大批有影响的政治家、军事家、思想家和革命家，形成了一个影响近代中国发展变革的特殊群体。鸦片战争前后，这个群体中有贺长龄、陶澍、魏源一批人，在学术上和政治上都倡导变革；太平天国和洋务运动时期，出现了以曾国藩、左宗棠、胡林翼等为代表的"中兴大臣"；在维新运动中，出现了谭嗣同、唐才常、熊希龄等变法志士；辛亥革命时期，黄兴、蔡锷、陈天华、宋教仁、禹之谟等志士更是走在前列。

通观青年毛泽东的思想，不论在治学态度、思想方法，还是在社会抱负、理想志向方面，都有湘士学风的深刻烙印。

（三）湖南省立第一师范的思想文化氛围

相对湖湘文化而言，湖南省立第一师范的思想文化氛围、教育理念、师资力量等对毛泽东思想结构的形成更为直接。

湖南省立第一师范之所以对毛泽东的个性发展、知识储备、思想结构、初步社会实践产生重大影响，首先在于它"学生自动"的教育理念以及比较民主自由的教学方法，能够适应新文化运动的趋势和学生的自由发展；更重要的还在于，湖南省立第一师范有一大批学识渊博、道德高尚的教师。

就教育理念和教学方法而言，湖南省立第一师范值得称道的大体有以下几点：一是体、德、智"三育并重"的教学理念；二是培育学生"天下兴亡、匹夫有责"的志向；三是倡导"学生自动"的教学方法；四是重视兴趣，教学因材施教；五是注重学生的各项实践活动。

就教师力量而言，毛泽东在湖南省立第一师范读书期间，学校聚集了孔昭绶、徐特立、杨昌济、杨树达、黎锦熙、易培基、易白沙、王季范、袁仲谦、方维夏等一大批知名学者和社会名流。1918年时，在职教师58人，其中从海外留学归来的有8人，如杨昌济毕业于英国阿伯丁大学，孔昭绶毕业于日本法政大学……毕业于国内知名大学的教师亦大有人在，如毕业于安徽省立大学的易坤、毕业于金陵大学的朱公桓。此外，还有外籍教师若干，如美国人饶伯斯、德国人费尔康、日本人爱甲等。该校学生与教师的比例为9.9比1，既形成了实力雄厚的师资队伍，又充分保证了学校能够做到因材施教、老师得以言传身教。

除了比较先进的教育理念和优秀的师资队伍，湖南省立第一师范还集中了一大批思想进步、胸怀大志的有为青年，如蔡和森、萧子升、张昆弟、罗学瓒、周世钊等。他们相互之间经常交流学习体会，共同探讨救国救民的道路。

初步社会实践对思想发展的影响

从青少年时期起,毛泽东的思想发展就有一个鲜明的特点,就是理论同实践密切联系,把从书本上得到的理论运用到实践当中去检验并决定取舍,同时又在实践中获得新的体验,通过对实践的反思来深化思想认识。

在湖南一师时期,毛泽东的这个特点表现得非常突出。在深入学习各种知识和思想理论的同时,他积极反对帝制和封建军阀、进行广泛的社会调查、主持工人夜学、创建和组织学生社团,参加了各种形式的社会实践活动。这些活动对于促进他的思想发展和早期思想结构的形成,有着特殊的意义。

(一)反卖国、反帝制、反军阀,深化爱国民主精神

在湖南一师时期,毛泽东积极参加反对封建复辟、反对军阀统治、反对帝国主义侵略的活动,不断深化民主主义思想和爱国主义情感。

1915年5月7日,日本政府向袁世凯政府发出最后通牒,逼迫中国答应"二十一条"要求。5月9日,袁政府基本接受了日本提出

的条件。为揭露袁世凯接受"二十一条"的罪行,一师学生集资编印了有关日本帝国主义侵略中国的几篇文章和资料,题为《明耻篇》。该书辑有七篇文章和一个附件,揭露了日本侵略中国、灭亡朝鲜,法国殖民越南以及袁世凯卖国的罪行,并陈述了救国之法,力图唤起人们不忘国耻、奋起挽救民族危机。毛泽东仔细阅读了这些文章和资料并做批注,在封面上题下了"五月七日,民国奇耻。何以报仇?在我学子"的题志,表达了雪耻救亡、救国救民的远大抱负。不久以后,毛泽东的同班同学易昌陶过世,为了悼念他,一师师生举行追悼会,毛泽东奋笔书写了挽诗和挽联。诗曰:

……我怀郁如焚,放歌倚列嶂。列嶂青且茜,愿言试长剑。东海有岛夷,北山尽仇怨。荡涤谁氏子,安得辞浮贱!子期竟早亡,牙琴从此绝。琴绝最伤情,朱华春不荣。后来有千日,谁与共平生?……

此时的毛泽东已不只是从个人情谊上怀念这位好友,更是表达了对失去一位志同道合的伙伴的哀思。他对袁世凯复辟帝制和屈膝投降的强烈愤慨,以及反抗日本帝国主义侵略的志向和决心在纸端毕露。

1915年底,袁世凯称帝进入关键时期,湖南长官汤芗铭是袁世凯的爪牙,积极为袁世凯称帝做准备。对此,毛泽东和同学们一道进行了坚决抵制和激烈斗争。1915年11月,毛泽东当选湖南省立第一师范学友会文牍,做了大量会务工作,这是他走上有组织的社会活动的开始。值此反袁热潮中,毛泽东不仅积极和同学们去船山学社听取反袁演讲,还编印了反对袁世凯称帝的小册子,利用学友会的名义在校内外广为发放,掀起反对袁世凯、抵制汤芗铭的高潮。

除了反对封建复辟、反对帝国主义侵略活动,毛泽东还领导组织湖南省立第一师范同学进行反军阀的活动。

1917 年 11 月，湘粤桂联军与北军王汝贤、范国璋部在湘潭接战。当时南北军阀混战，北军虽败，但南军未到长沙。在湖南省立第一师范附近徘徊的溃军王汝贤部，对一师以及防备空虚的长沙城安全造成巨大威胁。毛泽东一番思量，认为溃军已是惊弓之鸟，又不知城内虚实，可以设计逼退。他以学友会总务的名义，把学生志愿军组织起来，布防在学校周围的猴子石等几个山头。当溃军向北移动时，便联络警察分所，利用他们的真枪射击，学生军放鞭炮助威，还高喊"缴枪没事"。溃军不知虚实，惊慌失措，纷纷缴械，同意由商会出钱遣散。全校师生大为赞叹，都说"毛泽东浑身都是胆"。事后，毛泽东又以一师学友会名义组织妇孺救济会，援救因战事遭受困难的市民。

　　次年 4 月，南北军在湖南醴陵一带展开拉锯战。为防止军阀扰乱破坏，毛泽东以学生志愿军为基础组成警备队，并担任警备队队长，带领同学们保护学校、维持秩序、保证正常上课。对此，《湖南省立第一师范学校志》曾记载"学生军捍卫学校异常有力"。

（二）身无分文走天下，深入底层观民生

　　读书期间，毛泽东多次深入广大民众的生产生活当中进行社会调查，广泛了解中国的社会现实和下层民众的思想状况及要求。

　　1917 年 7 月中旬到 8 月中旬，毛泽东同萧子升一道，"游学"长沙、宁乡、安化、益阳、沅江五县，行程九百余里，品读校园里读不到的"无字之书"。通过这种长途游学，他考察了广大农村和一些乡镇、寺院、劝学所、学校，不仅对沿途农民的生产生活情况有了详细了解，还广泛接触了城乡社会各阶层人士，对当地的历史、地理、

风俗、民情、物产、公共事业、教育状况及社会世态等有了了解，获得了许多新鲜知识。他初步认识到农民的吃饭问题、土地问题在中国社会中的重要性，同时也深切感受到当时中国下层民众的文化水平亟待提高，社会急需改造。回校之后，同学们看了他的游学笔记，都称赞他是"身无分文，心忧天下"[①]。1917年8月23日给黎锦熙的信集中反映了他当时的思想状况，这封信就是游学回来后写的。

1917年12月下旬，毛泽东步行到湖南浏阳的文家市及西乡土桥炭坡大屋考察，白天同当地农民一起挑水种菜，晚上同附近农民谈心，了解农民群众的生产生活情况，向农民宣传反封建迷信的道理。他还结合当地农民的生产习惯，向他们宣传种植果树的科学知识和道理。

1918年春，毛泽东同蔡和森一起沿洞庭湖南岸和东岸，经湘阴、岳阳、平江、浏阳几县，游历半个多月，了解社会情况，再读"无字书"。他还将沿途的见闻，用生动通俗、幽默风趣的文字，写成通讯发表。

青年时期形成的这种注重调查研究、重视研究中国具体国情的习惯，不仅有助于毛泽东更好地理解从书本上学来的思想理论，促进他形成独立的思想结构，而且为他日后很好地把马克思主义普遍真理同中国具体国情有机结合起来、创造性地实现马克思主义中国化，奠定了基础。

（三）说白话、说道理，主持夜学"开民智"

毛泽东出生于山村农家，从小就对劳苦大众抱有很大的同情心。

[①] 周世钊：《第一师范时代的毛主席》，《新观察》1951年第2卷第2期。

在湖南一师时期,他越来越认识到民众在社会发展中的重要性。

当时,湖南省立第一师范附近有造币厂、黑铅冶炼厂和电灯公司,集中了许多工人、人力车夫、菜贩和其他劳动者,他们没有文化,生活非常困苦。湖南省立第一师范的老师们曾为他们办过一所夜学,但因效果不好搁置了。毛泽东认为夜学对学校联系社会很有意义,再加上长期以来对"开启民智"思想非常赞同,因此在1917年10月担任湖南省立第一师范学友会总务后,以很大的热情和精力主张再办夜学,着力提高工人群众的文化知识水平。

因为经常在课余时间同工人接触,了解工人在生活和思想上的需求,毛泽东在接办夜学时,能够适应工人的文化水平,用工人都能够听懂的白话文,写出他们听得懂、感兴趣的夜学广告,短时间内就有几百人参加。新夜学的课程安排、授课方式也充分考虑学生的认知水平,特别注意结合下层工人群众的实际,用他们能够听懂的通俗话来教学,以达到普及和提高工人群众文化知识的目的,取得了非常好的效果。

毛泽东在日志中总结夜学经验,明确认可主任周先生"说理宜深,语言、文字出之以浅"的主张,强调授课要"择其重要及与夜学学生有密接关系者"。[1]

在办夜学的过程中,他的思想认识也发生了重大变化,认识到民众的力量是社会变革的基础力量,为此必须加大"开民智"的力度,提高一般民众的思想认识和文化知识水平。[2]这些认识,对于丰富他

---

[1] 《毛泽东早期文稿》,湖南人民出版社2008年版,第87页。
[2] 《毛泽东早期文稿》,湖南人民出版社2008年版,第83—84页。

当时的历史观有很大帮助，并为其日后从事革命活动，提出民众大联合、人民战争、文化大众化、马克思主义大众化、知识分子与工农相结合等理论，奠定了早期基础。

（四）人生追求发生重大转型

通过初步的社会实践，毛泽东在个人的主观世界和实践活动上发生了重大转型。

在叛逆性格和反叛精神方面，不再仅仅停留在个人叛逆和家庭反叛的层面，而是开始把注意力转移到对现存社会的反叛和改造上；

在爱国主义方面，不仅仅是一般性的爱国热情或对卖国行径、帝国主义侵略的义愤，而是着力从国家民族发展的前景上思考如何救亡图存；

在实践的范围和性质上，从个人的实践开始向社会的实践转变，行动的焦点不再仅仅是自己的职业方向，而是面向社会的总体现状和发展方向；

在知识学习和思想吸收方面，不再仅仅凭着个人爱好去涉猎，而是从推动社会发展和谋求改造中国与世界的角度去探求"大本大源"；

在思想修养和能力培养方面，不再仅仅停留在单纯的个人品质和个人能力的提高，而是追求具有社会性的组织和领导能力的提升，谋求通过团体的形式形成改造社会的集体力量。

这些转型，对于其思想结构的确立、思想方向的选择，以及日后的社会革命活动，都起着极其重要的奠基性作用。

思想结构初步形成，发展方向尚不确定

毛泽东在湖南一师时期的五年半时间，大体上可以分为两个时期，1916年之前基本上属于知识积累时期，1916年之后则更多的是个人独立思想形成和思想结构初步建构的时期。

在激烈变动的社会政治和思想文化环境中，在初期社会活动的基础上，毛泽东初步形成了二元论的世界观、唯心主义的历史观、早期辩证法思想、激进民主主义的政治思想和改造中国的社会理想。其思想结构的大体轮廓开始呈现，这个思想结构充满着内在矛盾，发展方向并不确定。

（一）"精神不灭、物质不灭"的二元论世界观

在世界观问题上，青年毛泽东长期保持一种在唯物主义和唯心主义之间摇摆不定的状况。这种摇摆不定的态度加上他比较杂乱的知识结构，以及杨昌济和泡尔生《伦理学原理》的影响，导致他在湖南省立第一师范毕业之时，在世界观上具有明显的二元论色彩。

第一，认为身体和精神不可分离，但又各自独立。

1916年12月，给黎锦熙的信中，他在论述德智体三者关系时提出，物质性的身体是精神性的道德和智慧的寄所，离开了身体这个物质载体，道德和智慧就会无所依附终至丧失。这个论断体现出比较明确的唯物主义倾向。但是，他又提出了"世界之外有本体，血肉虽死，心灵不死"，这是一种具有客观唯心主义倾向的论断。

这种观点在1917年4月的《体育之研究》中进一步展开。在这篇文章中，毛泽东详细论述了身体同知识、道德的关系。他把身体看作知识的载体和依据，把知识、认识看作人对客观的外界事物的反映，觉得直观也好、思索也好，这些精神性的活动及其产物等都依赖于耳目脑筋等身体器官，只有身体健全才能获得健全的知识和认识。这当然是一种唯物主义本体论。但是，文中他又夸大主观性、意志力、自觉心的作用，带有明显的唯心主义色彩。

第二，推崇作为"大本大源"的"宇宙之真理"。

在1917年8月23日给黎锦熙的信中，他提出了"宇宙之真理"这个客观唯心主义的概念。他把当时中国的破败及诸多改造中国方案的无效，归因为没有把握"大本大源"，这个"大本大源"不是别的，就是"宇宙之真理"。他认为："夫本源者，宇宙之真理。天下之生民，各为宇宙之一体，即宇宙之真理，各具于人人之心中，虽有偏全之不同，而总有几分之存在。"这个"宇宙之真理"，同柏拉图的"理念"、黑格尔的"绝对精神"、朱熹的"理"是一样的，都是存在于世界之外的、一种不依赖于任何人独立存在的客观精神，是自然、社会、人类思维的本体，而世界万事万物及人类精神无非是这个本源的体现。

第三，强调精神不灭、物质不灭。

湖南省立第一师范时期的毛泽东，既坚持物质的基础性地位，又坚持精神的决定性作用，始终摇摆于唯物论和唯心论之间，使得世界观显示出明显的二元论特点，这个特点在《〈伦理学原理〉批注》中得到了明确的表达。他反复强调：精神不灭，物质不灭。认为物质和精神是两种基本的本体，二者共存共处、不生不灭，事物的生成和毁灭，生命的存在和死亡，只不过是精神和物质两个本体的聚散而已。这种哲学思想直接承继了《伦理学原理》作者泡尔生本人的思想，而泡尔生的哲学思想直接来源于康德哲学中的二元论。

二元论哲学归根到底不是一种独立的哲学世界观，其最终的发展方向，要么坚持物质一元论而走向唯物主义，要么坚持精神一元论而走向唯心主义。随着思想认识的不断深化和社会实践的不断展开，毛泽东必然要在唯物主义和唯心主义之间做出自己的选择，而且这个选择的到来时刻不会很远。

（二）"圣贤救世"的唯心史观及其矛盾

毛泽东早期的主要关注点在社会历史领域。面对军阀混战、主权沦丧的国家现状，他围绕着如何改造中国这个现实问题，对社会历史发展的一些关键性问题提出了自己的看法，不自觉地形成了自己的历史观：把"大本大源"的"宇宙之真理"看作历史发展的根源，把人心即"心之力"看作历史发展的基本动力，把"圣贤""英雄"看作历史发展的主体力量，把"哲学革命""伦理革命""变化民质"看作改造中国的根本路径，把"大同社会"看作历史发展的终极目标。

总体上看，毛泽东的这些思想带有鲜明的唯心主义和空想主义色彩，但是，因为他改造中国的目标非常明确，并且已经将辩证法思想运用于历史领域，在一定程度上看到了社会大众在历史发展中的重要性，因此，他的历史观中虽然存在着内在矛盾，但这种矛盾恰恰导致了他在接触到新的更加合理的历史观后，将会在历史观上发生重大转变。在此，我们首先对毛泽东此时的历史观做一个展开。

第一，以"宇宙之真理"为历史发展的本源，"心之力"为历史发展的动力。

人的本质，是历史观的一个基本问题。在这个方面，毛泽东把理性看作人的本质，看作人同其他动物区分的根本标志。他在《体育之研究》中提出，人是有理性的动物，人和动物的区别就在于人的理性。由此可见，这时的他还没有如马克思主义理论般把实践、劳动、社会关系看作人的本质，而是把理性作为本质，这同近代西方哲学中的绝大多数学者是一样的。

和对人的本质的看法相应，毛泽东将历史发展的根本动力认作精神性的"宇宙之真理"。在哲学世界观上，毛泽东把宇宙之真理看作一切的本源，也即"大本大源"。这种世界观运用到历史观领域，结果就是毛泽东把"宇宙之真理"看作历史的根本，认定只有把握了大本大源，才能真正推动历史的发展。由此他得出推论：康有为、梁启超、孙中山等，就是因为没有掌握这个大本大源，而仅仅在枝节上下功夫，所以不能够成功。

"宇宙之真理"概念虽大，但在毛泽东看来，它作为世界的本源，是体现在万事万物之中的，也是体现在每一个人心中的。虽然就个体而言，这种"宇宙之真理"的存量有或偏或全的差异，但无论任何人，心中总有几分"宇宙之真理"存在的，这就是人心中的思想和道德，就是"心之力"，而心力的大小则取决于个人对"宇宙之真理"这个大本大源的理解、掌握程度。毛泽东觉得，既然"心之力"

是"宇宙之真理"的体现,对人的思想和行为都有影响("思想主人之心,道德范人之行"),那么,历史的进步与落后,最根本的原因就是这种"心之力"。只要心力得到了充分发展,社会就能够进步。为此他提出"欲动天下者,当动天下人之心",特别强调要以"宇宙之真理"来号召天下,促动"心之力",从而推动历史的发展。

当然,毛泽东在大力倡导"心之力"的同时,也高度强调体力的作用。他在《体育之研究》中,就把体育放在极高的位置,认为国民的体质同国家民族的盛衰强弱密切相关。为此,他高度强调体育的重要性,强调要把心力同体力结合起来。

第二,依靠"圣贤"拯救民众,推动历史发展。

按照毛泽东的理解,调动社会大众的"心之力",就能够推动历史的发展,实现国家的富强幸福。但是,当时中国人的"心力"状况又如何呢?他说,由于几千年来的封建主义文化"伪而不真、虚而不实",中国人"积弊甚深,思想太旧,道德太坏","民智污塞,开通为难"。在这种情况下,毛泽东意识到促动"心之力"绝非易事,认为能够承担起这个责任的只能是圣贤英雄。这是因为圣贤英雄把握了大本大源,体现了"宇宙之真理"。

在他看来,在人类生活中,人的智能是不平等的。处于最高层次的是圣贤,就是那些真正体会到大本大源、掌握了"宇宙之真理"的人。他们因为掌握了大本大源,从而能够把握历史发展的方向、成为历史发展的引领者、成为广大人民群众的领路人。其典型代表就是孔子、孟子等人。这些人弘扬教化,泽被千秋万代,是圣贤之辈。他们创作了各种典章制度,制定了各种规范,达到了立德、立功、立言"三不朽"的境界。位于圣贤下一层次的,是一些没有达到圣贤境界但是也对大本大源有一定把握的人,是贯彻落实圣贤旨意的行动者,他们具体承担着引领和教育群氓的工作。这些人是"办事之人",即历代豪杰英雄,他们能够尊奉圣贤的教导建功立业,成为圣贤同群氓之间的桥梁,能够创造大功名。位于英雄再下一层次的才是社会大众,他们几乎没有体会到大本大源,因此心智不开,愚昧落后,只有靠着圣贤的引领才能前进。

此时毛泽东的志向就是要成为救国救民的圣贤,要把握大本大源、理解"宇宙之真理",承担同情、怜悯和拯救芸芸众生,不辞辛苦、不怕劳累,致力于启发民智、促动心力,带领大众实现社会改造和发展,从而改造中国,达到理想的社会境界的历史责任。

第三,通过哲学、伦理学革命,实现"世界大同"理想。

在毛泽东看来,圣贤英雄推动历史发展的方式,就是"动天下之心",发动芸芸众生的"心之力",而当时的现实是天下人心暗昧、民智不开。为此,作为把握大本大源的圣贤,首先要做的就是开启民智,从哲学、伦理学入手,通过教育,变换人们的思想,进而达到世界大同的理想境界。

他认为,中国人因为千百年受到限制和压迫,不能自主、盲从他人,极为可怜,只顾面前的蝇营狗苟,而没有主见、没有标准,"如墙上草,风来两边倒,其倒于恶,固偶然之事;倒于善,亦偶然之事"。这种盲目可怜的状况必须改变,而要改变就"非普及哲学不可"。为此,要通过哲学、伦理学的改造,进而改造全国思想,使广大民众由愚而归于智,达到升平之世,达到"太平世",实现人类解放和世界大同,"共跻于圣域"。到那个时候,所有人都达到圣贤状态,社会就高度发达了,人人便能进入幸福境地。

这种通过圣贤救世、以哲学改造为救国救民之根本途径、以天下大同为目标的思想，是当时毛泽东的基本思想。1917年9月22日，毛泽东同张昆弟于蔡和森家夜宿，三人交流时谈到，中国现在国民懒惰虚伪，奴隶性成，思想狭隘，一定要有像俄国的托尔斯泰那样的大哲学革命家、大伦理革命家，以洗涤国民的旧思想，开发他们的新思想，冲决一切限制，发展理想世界。毛泽东自己就要做像托尔斯泰那样的大哲学家和思想家。

第四，历史观中的唯物主义因素。

随着思想认识的进一步深化，毛泽东在历史观上也发生着变化。在《〈伦理学原理〉批注》中，他虽然没有放弃对圣贤救世和大同社会的追求，但已经开始有所改变和怀疑。他一方面注重个人地位，强调个性解放，主张"精神个人主义"；另一方面，对大同社会的理想开始表示怀疑，发现了它的空想性和谬误性，认为这只是一种"理想"、一种"仙境"，是不可能实现的。

值得一提的是，毛泽东批注《伦理学原理》和组织领导湖南省立第一师范的夜学工作几乎是同时的。在主办夜学的实践中，他对工人群众的地位、知识分子同工人群众的关系等有了一些正确的认识，提出一系列观点："我国现状，社会之中坚实为大多数失学之国民"，这些人对于政令之推行、自治之组织、风俗之改良、教育之普及，有着极大的影响；要达到"造成新国民及有开拓能力之人材"的目的，必须对这些人进行教育；文化平等是现代文明国家应该做到的，国人虽天赋、境遇不同，但人人应有受教育的机会；任何理论都必须同社会大众联系起来，切合社会大众的实际，才能产生巨大的物质力量；知识分子必须同工农大众结合起来，同社会大众打成一片，实现知识分子的大众化、学校的社会化；师范学生应该把自己所学的教育理论同社会大众、同社会实践结合起来，进而打破学校与社会的隔离，达到全民教育的目的。①

这些观点，带有一些唯物史观的萌芽，成为毛泽东唯心主义历史观中的异质性因素，而正是这些异质性的历史观因素，对其日后历史观的根本性转变起到了潜在的基础性作用。他后来在《湘江评论》时期提出"民众大联合"，在湖南人民自治运动时期提出理论与实际相结合的思想，都与这些观点有着一定的历史关联。

（三）辩证法思想及其相对主义杂质

毛泽东在湖南省立第一师范期间阅读了大量的中国古代哲学典籍，对其中的朴素辩证法思想了如指掌，同时也阅读了大量西方近代哲学著作，获得了辩证法思想的熏陶。因此，虽然毛泽东在世界观上尚处于二元论阶段，但辩证法思想却很早就进入他的思想深处，构成了他这一时期的重要思想元素，成为他观察历史和现实问题以及思想文化问题的重要方法依据。不过，因为尚未确立科学的世界观，他的辩证法思想中仍然夹杂着一些思想杂质，特别是相对主义因素。

第一，以"变易"为核心的辩证法观点。

以"变易"为主题的辩证法思想，在中国古代哲学中有丰富的内容体现，毛泽东亦深受熏陶。在1916年12月给黎锦熙的信中，他就结合身体强弱变化，坚持了以"变易"为核心的辩证法观点。他写道："闻之至弱之人，可进于至强"，"官骸亦无时不可改易也"。

---

① 《毛泽东早期文稿》，湖南人民出版社2008年版，第83－84页。

即身体的强弱是可以变化的,通过体育运动这个途径,身体弱的也可以强壮起来。在《体育之研究》中,他提出了一系列包含着辩证法思想的论断,如"天地盖惟有动而已""动必有道""日日变易"等。这些观点不仅关涉体育,实际上亦是一种哲学辩证法思想。他特别强调了强弱变易的情况,提出:一个人也许天生身体强壮,但如果不重视锻炼,也会变得羸弱;一个人也许天生羸弱,但只要他坚持锻炼,也能够变得强壮。因此,从身体的角度来看,没有固定的强弱,借助于一定条件,变化就会发生。体育如此,世间万物亦是如此。这种"变易"思想是对中国古代朴素辩证法思想的继承和发挥。

第二,"抵抗"和"差别"——无处不在的矛盾观。

在《〈伦理学原理〉批注》中,毛泽东的辩证法思想更是随处可见,特别是论述了"抵抗""差别"在事物发展中的地位和作用。

他认为,"抵抗"(即矛盾)是普遍存在的,是世界发展的动力。他特别赞同泡尔生书中关于世界一切事业和文明"无不起于抵抗决胜"的观点,称其"无抵抗则无动力"的论述是"至真之理""至彻之言"。正是因为有了抵抗,世界才得以发展,历史才得以精彩。毛泽东对此做了生动的阐释:在自然界中,"河出潼关,因有太华抵抗,而水力益增其奔猛。风回三峡,因有巫山为隔,而风力益增其怒号"。在人类世界也是如此,有压迫就有反抗和斗争,压迫越强,反抗也就越强。根据这种抵抗的辩证法思想,圣人之所以成为圣人,乃是因为他能够抵抗大恶,是在现实社会中经过抵抗和磨难而形成的,生而知之的圣人是不可信的。

"差别"也是毛泽东在《〈伦理学原理〉批注》中特别强调的一

个辩证法内容。在他看来,"人世一切事,皆由差别比较而现"[1],因为有了差别才形成了历史,形成了现实生活。历史的发展就是差别的历史——"无此差别相即不能构成历史生活。进化者,差别陈迭之状况也"。[2]

第三,辩证看待中西文化的优劣。

毛泽东不仅大量论述辩证法思想,而且把它作为分析重大问题的方法论。在对待中西文化的关系上,当时新文化运动的主流思想是对中国传统文化持以全盘否定的态度,进行猛烈的抨击,对于西方文化则持以全盘肯定的态度,不加批判一律引进。毛泽东则不是这样,他坚持辩证法的观点,既没有对西方文化完全肯定,也没有对中国古代文化完全否定,而是辩证地看待它们各自的优劣。例如,在1917年8月23日给黎锦熙的信中,他一方面批判中国文化"伪而不真、虚而不实",另一方面也指出西方文化的不足,强调西方思想也不是都正确,也需要进行改造。在《〈伦理学原理〉批注》中,他再次论及这个思想,特别是把辩证法思想用在社会历史的分析上,明确指出纯粹的自由平等博爱、理想的大同社会都是不现实的、不可能实现的,人们只能通过努力逐步消除不平等、不自由,向着理想靠近。[3]

尽管如此,毛泽东的辩证法思想中还存在着不完善的地方。相对主义就是其中的一个重要方面。

在《〈伦理学原理〉批注》中,他多次讲过如下观点,或一些大致相同的话:"我即实在,实在即我""观念即实在,有限即无限,……形式即实质,我即宇宙,生即死,死即生,现在即过去及

---

[1] 《毛泽东早期文稿》,湖南人民出版社2008年版,第159-162页。
[2] 《毛泽东早期文稿》,湖南人民出版社2008年版,第217页。
[3] 《毛泽东早期文稿》,湖南人民出版社2008年版,第162页。

未来，过去及未来即现在，小即大，阳即阴，上即下，秽即清，男即女，厚即薄。质而言之，万即一，变即常"。① 这些可以说是一种典型的相对主义论断。这种夹杂在辩证法思想中的思想杂质，对其思想发展必然造成影响，在后来的思想转型中必然要进行清算。

（四）反帝反封建的激进民主主义

在进入湖南一师时期之时，毛泽东就已经摆脱了少年时期曾朦胧地主张过的君主立宪，走上了反对封建专制、反对军阀统治的道路。在 1915 年之后，他积极参加反对袁世凯帝制复辟的活动；帝制复辟失败后，封建军阀之间相互争斗、战乱不休，毛泽东又无情地揭露他们给人民带来的深重灾难。在这个过程中，他把这种反对封建主义、反对军阀战争的活动和情感，同刚刚兴起的新文化运动结合起来，站在激进民主主义的立场上，深刻揭露封建主义文化的腐朽没落及其对人性的压抑摧残，大力倡导个性解放的精神个人主义。

第一，激烈批判封建专制和军阀混战。

在袁世凯复辟活动进入高潮之时，毛泽东和他的师友们积极参加反袁活动，经常到"船山学社"听反袁演讲，并搜集编写反袁文章，广为散发。实践行动同思想批判分不开，在从事这些反袁活动的同时，毛泽东也通过书信的方式，批判袁世凯复辟的罪恶。

1915 年 9 月，黎锦熙应聘到北京教育部的教科书编纂处，任教科书特约编纂员。当时正值袁世凯密谋称帝，湖南学界一度风传在京谋职的黎锦熙支持袁世凯复辟。为此，1915 年 11 月 9 日，毛泽东致

---

① 《毛泽东早期文稿》，湖南人民出版社 2008 年版，第 243 - 245 页。

信黎锦熙，劝他不要在袁世凯政府任职。他认为，在袁世凯的统治下，"恶声日高，正义蒙塞"，是中国知识界、社会界的大灾难，当此之时，有大志的士人应该"龙潜不见，以待有为"。显然，毛泽东已经确立了激进民主主义的思想，坚决反对封建专制主义。

袁世凯、张勋二人复辟失败后，南北封建军阀相互争斗，战乱不停。在此情形下，毛泽东不仅进一步揭露军阀混战给人民带来的深重灾难，而且站在激进民主主义的立场上，深刻揭露封建主义文化的腐朽没落及其对人性的压抑摧残。

1917年8月23日，他在给黎锦熙的信中，对封建主义文化及其对人民精神的摧残，做了深刻批判。他指出，中国封建主义思想文化，几千年流传至今，"种根甚深，结蒂甚固"，导致了中国人"积弊甚深，思想太旧，道德太坏"，对于这种文化道德，必须以大力摧毁。

在《〈伦理学原理〉批注》中，他指出，暴君领导下的政府，绝不是一个合理的政府，而是一个封建专制主义政府。他对书中"苟有一社会焉，为奸佞者所把持，则其间正人君子，必不为人所敬爱，而转受轻蔑凌暴之待遇。然而奸佞之徒，势不免互相冲突，举全社会为怨毒之府，而土崩瓦解之势成矣"[1]的论断颇为赞赏，认为这正是袁世凯政府的写照。

第二，深刻揭露帝国主义侵略中国的本质，表达强烈的爱国主义思想。

前文提过，在1915年5月7日国耻日时，毛泽东同一大批热血青年一样，强烈反对帝国主义侵略，参加了一系列反对日本帝国主

---

[1] 《毛泽东早期文稿》，湖南人民出版社2008年版，第229页。

义的实践活动，并写下"五月七日，民国奇耻。何以报仇？在我学子！"的题词，以表达立志抗击外侮、救亡图存的决心。

比起同时代的爱国青年，毛泽东强烈的爱国主义思想背后，有着超出常人的对帝国主义侵略中国本质的深刻认识。1916年7月25日，毛泽东在给萧子升的信中，深刻揭示了日本帝国主义吞并中国的政治图谋和险恶用心，看到了中日之间存在着的长期矛盾和中国面临的危机。他尖锐地指出，日本"无论何人执政，其对我政策不易。思之思之，日人诚我国劲敌！"并大胆预言，"二十年内，非一战不足以图存""欲完自身以保子孙，止有磨砺以待日本"。意思是说，中日两国在20年之内必然要有一场关系中国生死存亡的大战，中国人应该及早准备。

历史正如毛泽东所预言的，15年后，日本在东北发动"九一八"事变，21年后的1937年7月7日，中国人民抗日战争全面爆发。中华民族为了生存，进行了艰苦卓绝的抗日战争，而彼时的毛泽东已是这场战争中的杰出领袖。

第三，倡导以"个性解放""个人实现"为核心的"精神个人主义"。

在马克思主义产生之前，用以反对封建专制主义文化的最有力武器，就是资产阶级个人主义思想。早期新文化运动就是以这种资产阶级个人主义为武器，激烈批判中国几千年以来的封建专制主义文化，因此资产阶级个人主义成为当时激进民主主义的核心内容。

在反对封建专制主义的过程中，毛泽东加入了新文化运动的行列，大量接受了新文化运动中的激进民主主义，并使之在思想结构中占据越来越大的分量，逐步成为思想结构中的主要因素。在《〈伦理学原理〉批注》中，他以资产阶级个人主义思想为指导，大力倡导以思想解放和个性解放为核心的"精神个人主义"，明确提出以三纲五常为核心的封建主义文化压抑人的个性，是天下之恶魔，必须彻底改造。

在道德问题上，他极力强调"主观道德律"，就是内在的、发自个人内心的、有助于人的个性发展的道德自律，反对外在的、强加于人的、限制人的个性的客观道德律。他强调主观道德律源于个人自身的内在需求，是一种绝对的道德律令，客观的外在的道德律令应该服从于主观的道德律令，也即康德的绝对命令。这就是要把道德问题还归个人，强调个人价值、个人独立，反对外在强制。这就是要求各种各样的外在强制，诸如三纲五常、天理约束、神灵等，都必须在个人面前低头，服从于个性的发展。

在自我与整体的关系上，他倡导"贵我论"思想，批判封建社会对个人地位的漠视和对个性发展的压制。他接受资产阶级个人主义、自我实现的主张，把个人生命、个人实现、个人自由等放在极端重要的位置，从重视大我、牺牲小我的"无我论"转向了"贵我论"，认为我就是宇宙，只有我是可尊贵的，其他则都在其次。[1]显然，他已经由赞同个人服从整体、服从外在约束转向了突出自我、追求个人解放和个人自由。这实际上就是对封建专制社会漠视个人生命、压抑个性发展的批判和抗争。

在人类发展的目标上，他把实现自我作为根本指向，并提出要达到这个目的就要坚持"精神个人主义"和"现实主义"的统一。他觉得，人类的目的就是要实现自我，实现自我就是充分发展自己的身体，并使精神高度发达。为了达到这个目标，就要把个人主义和现实主义结合起来，谋求个性解放、精神自由意义上的个人主义，即"精

---

[1]《毛泽东早期文稿》，湖南人民出版社2008年版，第204页。

神之个人主义"①。与这种精神个人主义相应的是"现实主义",就是要凭着自己的努力,实现那些自己在客观和主观上能够实现的精神追求。只有把这两个主义结合起来,才能够达到真正的自由,人性也才能够达到真正的完满。②

在坚持个人价值至高无上的前提下,他把压制个人地位和个性解放的封建专制主义看作必须推翻的恶魔。在个人和社会的关系上,他认为个人处于核心地位,社会、国家、团体都是为个人服务的,应该服从个人,而不能相反。他说:"社会为个人而设,非个人为社会而设也。"③他反对把个人看作国家有机体上的一个分子、一个组成部分。他觉得个人价值是无上的,压抑个人、违背个性的一切制度和文化都是罪恶的,故而中国的三纲必须去除,教会、资本家、君主等都是天下的恶魔,都必须打倒。④

毛泽东所突出强调的主观道德律、贵我论、精神个人主义、个人价值无上论等,是以资产阶级个人主义为基础的激进民主主义的内容,是资产阶级民主革命的主张。其根本的目的就是无情地批判封建专制制度对个人生命、对人的个性的压抑和摧残。这种思想是当时新文化运动思想的体现,是处在那个时代的先进知识分子所追求的人类解放的思想表达,与反帝反封建的理想追求是完全一致的。

这种激进民主主义思想,在批判封建主义方面能够发挥巨大的威力,但是在真正改变中国的命运、达到救国救民目的方面,则难以胜

---

① 《毛泽东早期文稿》,湖南人民出版社2008年版,第132页。
② 《毛泽东早期文稿》,湖南人民出版社2008年版,第179-181页。
③ 《毛泽东早期文稿》,湖南人民出版社2008年版,第127页。
④ 《毛泽东早期文稿》,湖南人民出版社2008年版,第132页。

任。正因如此，毛泽东日后逐步摆脱了资产阶级个人主义思想，从激进民主主义的思想境界上升到共产主义的思想境界。

（五）救国救民的远大理想与温和改良的道路选择

身处国家民族的危亡之秋，青年毛泽东的个人情感和志向也随着时代的脉动而发生着重大变化：从追求个人功成名就、谋求个人职业生涯的个人化的理想，逐步上升到救国救民、改造中国的社会政治理想。这种远大志向和政治理想对于他思想结构的形成发展有着重要的推动和引领作用。当然，因为科学理论指导的缺乏和社会实践经验的不足，他在改造中国的路径选择问题上，并没有明确的答案。

第一，从立志成名的个人追求到救国救民的远大志向。

在1910年秋离开韶山外出求学时，从那首留在父亲账本里的诗可以看出，毛泽东所想的是"学不成名誓不还"，追求的主要是立志成名，成就个人事业，光宗耀祖，对得起父母。随着知识和思想的进展，特别是面对国家民族的生死存亡，毛泽东的个人志向、个人追求同社会发展需要之间的关系有了根本变化，从一般性的个人化的志向追求，转向了对国家民族命运的高度关注，从救国救民的高度来看待个人志向的选择。

1917年8月23日致黎锦熙的信中，毛泽东提出了自己关于立志的看法：真立志，并不是很容易的事情，必须先研究哲学、伦理学等，将所得的真理，作为自己言语行动的准则，作为确立前途的目的，然后再选择做那些符合目的的事情，最终实现自己的目的，这才叫作真立志。否则，"十年未得真理，即十年无志；终身未得，即终身无志"。为此，他提出自己要"将全幅工夫，向大本大源处探讨"，以获得真理，而不为那些枝枝节节的细小事情浪费时间。

在这封信中,他着重讨论了拯救中国的问题。他指出,当时天下纷纷,变革和改造中国势所必然。虽然许多人提出了救国方案,但是这些方案没有把握社会历史发展的大本大源,因此缺乏改造中国的真实本领,无法完成救国救民、改造中国的大任,它们抓住的只是枝节而不及根本,不仅不能救国,反而还会导致国家日益羸弱和衰亡。正是基于这种分析,他明确提出要探寻大本大源,把握宇宙之真理,以达到救国救民的目的。

第二,以改造中国为目标的远大理想抱负。

把个人的志向同国家民族的命运紧密联系起来之后,毛泽东个人的志向也就转到了整个社会发展方面,确立了以改造中国为职志的远大理想抱负。

同是1917年8月23日给黎锦熙的信中,毛泽东提出了要以大本大源为号召,撼动天下人之心,推动国家的富强、人民的幸福。但是,当时的中国社会没有真正摆脱封建专制制度,社会政治、经济、文化极其落后,要在现存的制度框架内,在封建思想文化控制的情况下撼动人心、实现国家的富强幸福是不可能的。为此,必须彻底冲破中国的思想文化和政治制度,对其进行根本性的改造。

那时,毛泽东觉得想要达成这一切,需要的是像托尔斯泰、谭嗣同、陈独秀那样的大哲学革命家、大伦理革命家,只有这些人能洗涤国民之旧思想,开发其新思想,进行"家族革命"和"师生革命",彻底打破中国的旧况。他迫切地想成为这类人,以"冲决一切现象之网罗,发展其理想之世界"。

《〈伦理学原理〉批注》中,他的这个思想更加明确,更加深刻。在他看来,中国的传统文化、政治制度,都是压抑人性、限制个人解放的"恶魔","罪莫大焉",必须彻底推翻,改变改造。他从事物毁灭与再生的角度,阐述了打破旧世界、建立新世界的必然性,推出了打破旧中国、建立新中国的必要性。他说,"国家有变化,乃国家日新之机,社会进化所必要",所以对于中国,不必害怕其打破,"改建政体,变化民质,改良社会"正意味着新生,意味着发展。因此一定要"再造之",创造一个新生的中国。①

至此,毛泽东的志向和理想,已经不止于一般性的对敌人愤恨、对祖国热爱之层面,而是由立志报仇深化到对中国政治制度和思想文化的深层分析,深化到在认识当时中国现状之腐朽后,明确提出只有改造中国才能真正达到救国救民的目的,把改造中国确立为自己的理想追求。

第三,改良主义的温和革命观。

尽管毛泽东当时便确立了改造中国的理想抱负,但此时他心中的革命和改造,仍然更多的是从思想、教育角度来说的改良主义,而不是后来他长期领导的革命运动。毛泽东的改良主义思想,有着很长的时间积累,一直是他判断各种政治事件和思想观点的一个依据。

所以,面对军阀混战,毛泽东虽极其愤慨,但对军阀的认识却模糊不清,对以段祺瑞为首的北洋军阀仍抱有幻想,认为他们能够领导中国走向和平,以至于把段祺瑞等封建军阀同反袁的"南部诸英"列在一起加以称赞。而对于给湖南造成严重灾难的汤芗铭则给以同情和辩护,认为他在社会整顿、治军、教育等方面为湖南做了不少好事,他被驱逐是冤枉的,是他的被驱逐,导致湖南局势更加混乱。毛泽东还认为汤芗铭在反对袁世凯方面是积极的,湖南人控告汤芗铭的罪状

---

① 《毛泽东早期文稿》,湖南人民出版社2008年版,第176-177页。

是不真实的。他对法国革命等社会政治革命并不完全赞同,认为"法兰西之祸,最为可惧"。

所以,在1917年9月22日同蔡和森、张昆弟的谈话中,他一方面倡导对中国进行彻底改造,进行家族革命和师生革命,但是又明确指出,这种革命在本质上是改良主义的温和革命而非真正意义上的社会革命。在《〈伦理学原理〉批注》中,他虽然提出了对中国彻底改造的主张,但他是从个性解放和思想教育的角度,从辩证法思想的推理的角度来论述的,并没有提出实践性的政治革命主张。

他之所以有这样的思想,一方面与他圣贤救世的历史观分不开。此时的他还是会过多地从表面、从具体的现象上看问题,并没有深入到本质的层面上,还是把国家统一、社会安定的希望,寄托在个人或者说个别军阀身上,渴望有"好军阀"来抵制"坏军阀",依靠个别英雄人物、善良人物拯救中国。另一方面,则与他的社会改良思想分不开,他没有考虑到要彻底打破滋生军阀混战的社会基础和制度基础,也即通过彻底的社会革命来推翻封建军阀制度。他当时的思想实际上还是一种点滴改良、局部改变的改良主义思想。

离开湖南省立第一师范之际的这种内在矛盾、方向不定的初步思想结构,既是这个阶段毛泽东思想发展和理论思考的结果,也是他下一阶段思想提升和整体转化的基础,构成了青年毛泽东思想发展历程上的一个重要环节。

在湖南一师时期,毛泽东大量吸收了各种文化知识和思想理论观点,思想结构开始初步建构。

在世界观上,坚持"精神不灭、物质不灭"的二元论哲学世界观,但是这种二元论毕竟不是一种独立的世界观,最终是走向唯物主义还是唯心主义，还需要他随着思想认识的深化和社会实践的展开而作出明确选择，而且这个选择到来的时刻不会很远。

在历史观上，把"宇宙之真理"看作历史发展的根源，把"心之力"看作历史发展的基本动力，把"圣贤""英雄"看作历史发展的主体力量，把"哲学革命""伦理革命"看作改造中国的根本路径，把"大同社会"看作历史发展的最终目标，带有鲜明的唯心主义和空想主义色彩；但是，这种历史观中又包含着丰富的辩证法思想和某些唯物论因素，这种矛盾将导致他在接触新历史观后，在历史观问题上发生重大的方向性转变。

在思想方法上，辩证法思想已经深入到思想深处，成为重要的思想元素，并成为他观察历史、现实和思想文化问题的方法依据，但因为科学的世界观尚未确立，其辩证法思想中仍夹杂着一些相对主义的思想杂质需要克服。

在政治思想上，站在激进民主主义的立场上，坚决反对封建主义和帝国主义，深刻揭露封建文化的腐朽没落及其对人性的压抑摧残，大力倡导个性解放的精神个人主义；但是，这种激进民主主义难以真正改变中国命运、实现救国救民的目的，必须提升到新的、更加科学合理的思想境界。

在理想信念方面，从追求个人功成名就、谋求个人职业生涯的个人化的理想，上升到了救国救民、改造中国的社会政治理想；但是，因为缺乏科学理论指导和社会实践经验不足，他在改造中国的路径选择上，并没有明确的答案，仍然徘徊在革命改造和温和改良之间。

离开湖南省立第一师范之际的这种内在矛盾、方向不定的初步思想结构，既是毛泽东这个阶段思想发展和理论思考的结果，也为其下一阶段的思想提升和整体转化提供了一个重要的基础。

第 4 章

混杂多元：
五四运动前后的思想状况

第一次北京之行，理论视野急遽开拓
追求理论与实际相结合的青年领袖
五四运动时期的思想矛盾

1918年6月，毛泽东从湖南省立第一师范毕业。虽然他的思想结构是一锅充满矛盾的"大杂烩"，但其救国救民的远大志向和反帝反封建的爱国情怀是非常明确的。如何通过个人努力求得"大本大源"、获得改造中国的行动指南、通过团体实践促进国家改造和社会进步，成为他当时思想发展的一个基本取向。

基于此，1918年4月，他同蔡和森、萧子升、何叔衡等十几位志同道合的朋友一起成立了新民学会，以求为未来改造中国的社会实践奠定思想和人才基础。恰在此时，已经受聘到北京大学任教的杨昌济先生给他们来信，鼓励他们组织同学赴法勤工俭学，谋求深造。

为了组织和领导新民学会会员出国事宜，毛泽东第一次走出湖南来到北京。

第一次北京之行，在青年毛泽东的思想发展中有着特殊的重要意义。此行之中，马克思列宁主义、无政府主义、实验主义、新村主义、工读主义等新思想新观点在短时间内进入其思想当中，他根本没有时间进行梳理和归纳。由此，他的理论视野急遽开拓，知识结构更加复杂，尚不确定的思想结构进一步呈现出多元并存、内在冲突的混杂状况。这种思想状况在五四运动期间得到了充分反映。

第一次北京之行,理论视野急遽开拓

1918年8月,毛泽东第一次来到北京,进入到一个全新的文化空间当中。

当时新文化运动如火如荼,中国思想界在救亡图存的现实目标之下迅猛觉醒,对封建专制制度和本土传统文化已经绝望,否定自身文化、引进外来先进文化成为思想界的共识。于是,理论家们几乎不加选择地引进各种外来的理论观点,充当思想启蒙的武器和文化斗争的工具,中国思想界一时间呈现出多元思想混杂共存的局面。

这种局面对于正在追求救国救民的"大本大源"、探索改造中国理论指南的毛泽东,产生了强烈影响。他跳出原来相对封闭的空间,走进当时中国思想文化的最高殿堂,直接同新文化运动的领袖人物密切接触,猛烈地吸收各种新思想、新文化,短时间内理论视野迅速开拓,知识体系迅速充实,思想结构发生了剧烈变化。

(一)身份低微而有远大抱负的自学青年

1918年10月,经杨昌济介绍,北京大学校长蔡元培批准,毛泽东到李大钊任主任的北京大学图书馆做助理员。正是这样一个月薪只有8块银圆的"低微职位"（当时北大教授的月薪大多为二三百元），给他的思想发展乃至整个人生带来了根本性的变化。

在北大，他可以自由地读书学习，猛烈地吸收最新的知识信息和理论观点，同中国思想界的顶尖人物接触请教，参加中国思想最高殿堂的学术活动。而且，毛泽东当时所处的地位和特殊身份（一个局外的、中立的、地位低下的自学者），结合他富有个人特点的求学路径，反而使他在北大获得了意想不到的收获。

第一，一个"职位低微"的图书馆助理员。

在北大图书馆期间，毛泽东每天的主要工作，除了一些清洁工作，便是在第二阅览室登记新到的报刊和前来阅览者的姓名，他管理的中外报纸有十五种。这样一个底层角色，使他往往被别人所忽视，大多数人都不把他放在眼里。正因为忽略了他的存在，那些到图书馆借书、读书的思想明星、青年学者，在他面前根本不需要掩饰和设防，不需要避讳和包装，不需要害怕自己的观点被批评、被曲解甚至被窃取，如此一来，他们的思想观点、理论主张甚至个人作风就都直接地、全面地表现出来。毛泽东也就能够更全面地了解这些学者名流及其思想的全貌。

第二，不属于任何学术圈子、任何思想派别的"局外人"。

虽然那些学者们既不愿意同毛泽东交流，也没有时间同他讨论关于政治和文化的事情，但毛泽东却可以站在局外，以一个旁观者的角色听取不同观点、不同学派、不同圈子的人们交流讨论。因为不能参与，他就始终是一个中立的第三者，能够从学者们的谈话和阅读的书刊中完全客观地了解、吸收他们的思想观点。因为不站在任何一方的立场上，他就没有任何先入为主的思想框架，对任何思想、任何人物、任何团体都没有偏见、没有预选，既不盲信、也不排斥，而是能够从每一个人、每一种思想上发现可以利用的内容。其接触的学者、获得的信息、吸收的观点也就能够达到最大化。

第三，一个有远大理想抱负的自学者。

毛泽东从小就形成了自学的习惯和偏好，其知识结构始终处于开放状态，对于各种新的知识信息有着高度的敏感性和强大的接受能力。而北京大学是一个各种新知识、新思想的荟萃地，他在这里自然可以充分发挥优势和专长。作为一个自学者，一方面，他没有既定的知识偏见和理论藩篱，对各种思想、各种观点并不做事先的甄别、筛选和整理，而是首先吸收过来积存到脑中"据为己有"；另一方面，到北京大学之时，他已经经过了长时间的中等师范学校学习，已经有了丰富的学习经验和良好的学习方法，尤其是已经树立了远大的理想抱负，这更增加了他吸收知识信息的主动性和效率性，让他能够在最短的时间内以最大的效率，将接触到的各种信息吸收储存到知识结构当中。

（二）理论视野和知识结构得到迅速开拓

在第一次赴京的短短7个月时间内，毛泽东大量接触社会名流、思想精英和青年学者，大量阅读各种书刊，积极参加各种社团活动和社会调查，迅猛吸收各种新的知识信息和理论观点，理论视野和知识结构得到了极大的开拓。

第一，大量接触社会名流、思想精英和青年学者。

因为工作关系，毛泽东同李大钊联系紧密，经常向他请教理论问题，特别是有关马克思主义理论和俄国十月革命的问题，这些交流引导毛泽东走向马克思主义的方向。

在杨昌济、李大钊的引荐下，他同陈独秀的联系也非常频繁，陈独秀对他的影响非常大。

为了联系赴法勤工俭学事宜，他同蔡元培、李石曾、吴稚晖、章士钊等思想界名流多次交往，在同他们联络的过程中无疑会受到一些思想上的影响。

为了加强新民学会会员的学习交流，他邀请蔡元培、陶孟和、胡适等名家学者，在北京大学文科大楼同新民学会会员座谈交流，主要谈论学术和人生问题。

在图书馆工作期间，他还结识了一大批新文化运动的头面人物和优秀的青年知识分子，如傅斯年、罗家伦、张国焘、邓中夏、谭平山、王光祈、陈公博、康白情、段锡朋等。

第二，积极参加各种社团活动。

毛泽东虽然只是北京大学图书馆的一个图书助理员，但北京大学的各种社团活动他都积极参加。在这些社团活动中，毛泽东结交了一大批学者教授和社会名流，接收了许多新的思想观点。在他参加的北大学术团体中，有两个较为著名。

一个是1918年10月成立的新闻学研究会，该研究会由《京报》社长、著名的新闻工作者邵飘萍发起组织，并主讲有关办报的业务知识，毛泽东后来还获得了在新闻学研究会听讲的证明书。

另一个是北京大学哲学研究会，这个研究会成立于1919年1月，是由杨昌济、梁漱溟、胡适等人发起成立的，它的宗旨是"研究东西诸家哲学，瀹启新知"。

对北京大学的一些学生社团活动，毛泽东更是积极参加，同这些社团中的进步青年进行思想交流：他参加了邓中夏等人组织的北京大学平民教育讲演团，同正在筹备少年中国学会的王光祈等密切交流，从他们那里获得了包括工读主义在内的许多新思想和主张，后来他还参加了这个学会。

第三，积极进行社会调查，广泛了解社会状况。

毛泽东历来重视调查研究，在北京期间，多次进行调查研究，接触了很多新事物，这对他的思想发展也有很大的影响。

当时湖南赴法青年已达50多人，遇到了很多未曾预料的困难，为了给新民学会会员联系、组织留法预备班，毛泽东多次到保定、长辛店等地考察，"出力甚多"，特别是曾两次赶到长辛店机车车辆厂。在厂中，他向职工群众寻东问西，从生产细节到办厂方针，从整个工厂的利润到职工的个人生活，都做了详尽的调查。通过这些调查研究，他更好地了解了中国近代工业发展和中国工人阶级。

第四，大量阅读各种书刊，迅猛吸收各种新的知识信息和理论观点。

当时，毛泽东在图书馆的主要工作之一，就是在第二阅览室登记新到的报刊，管理数种中外报纸。这对他来说是最好的学习机会，同时也最适合他的兴趣。通过大量阅读这些最新的报纸杂志，以及上述的多层次、多方面交流活动和调查研究，他迅猛地吸收各种新思潮、新理论，知识信息迅速增加，理论视野急遽开拓。

（三）思想构成更加混杂无序

北京是新文化运动的中心，北京大学是各种新文化、新思想的荟萃地，在校长蔡元培"循自由思想原则、取兼容并包主义"办学理念的影响下，各种思想、学术在这里争奇斗艳，竞相展现。这个时期的北京大学，正是在蔡元培领导下思想最解放的时期，也是各种思想最复杂的时期。各种新思想在这里都有所体现，各种旧思想也在这里集中。此时的北大师生中，激进派有李大钊、陈独秀等，自由主义派有胡适、蔡元培、陶孟和等，在语言文字方面，有钱玄同、刘半农、沈尹默等，经济学政法方面有马寅初、王星拱、高一涵、章士钊等，学生中的激进分子有傅斯年、罗家伦、顾颉刚、王光祈等，无政府主义、新村主义、工读主义都在北京大学有自己的代表人物。毛泽东跟这些人物大都有所接触。从相对封闭的湖南长沙来到这样的一个文化环境中，可以说是令他应接不暇、取之不及，他自然也就来了一个兼容并包、照单全收的接收办法。一时之间，他的知识结构中充满了各种新人物、新名词、新思潮、新主义，大体可梳理为如下五个方面。至于各种新思想、新主义的内涵，本书将在后续章节介绍。

第一，唯心主义哲学世界观依然占有重要地位。

从湖南一师时期开始，毛泽东就在杨昌济的指导和影响下，对西方近代哲学、伦理学思想，特别是克鲁泡特金的互助论、罗素哲学、柏格森的生命哲学等，都有过比较多的学习吸收。在北京期间，他参加哲学研究会，同梁漱溟、胡适等探讨哲学问题。直到1920年6月7日，毛泽东还致信黎锦熙，说自己要从柏格森、罗素、杜威这"现代三大哲学家"起研究哲学思想，可见上述这些哲学思想在他的头脑中是占有重要地位的。

第二，初步接触但并不深刻理解马克思主义。

当时，马克思主义、社会主义、十月革命问题作为一种新学说、新思想，开始受到思想界的关注。李大钊最先在中国热情讴歌十月革命，是中国最早接受和信仰马克思主义的思想家。在北京大学期间，毛泽东同李大钊的交往最直接、最密切，李大钊的言论和思想自然对他产生了巨大影响。1918年11月，他聆听了李大钊的《庶民的胜利》演说，当月15日这篇演说和《布尔什维主义的胜利》一起刊登在《新青年》杂志上面，毛泽东在第一时间就认真研读。正是从李大钊这里，毛泽东开始具体地了解和倾向十月革命和马克思主义。

第三，进一步强化激进民主主义思想。

激进民主主义在当时是主要潮流，毛泽东本人也正处于这样的思想阶段，因此在京期间对这方面的思想极其关注、大量接触。这时，一位"思想明星"也与他近在咫尺，这位"明星"就是在北大任文科学长的陈独秀。早在1917年，毛泽东读过《新青年》发表的《文学改良刍议》一文之后，就十分崇拜胡适。到北京大学之后，他邀请胡适同新民学会会员座谈交流学术问题，参加哲学研究会直接同胡适交流哲学思想，很快就同陈独秀开始深层次的思想交流。当时，陈独秀是新文化运动的领袖，还是激进民主主义的代表人物，同陈独秀的密切交往自然对毛泽东的激进民主主义思想有很大的强化作用。

第四，广泛接触实验主义思想。

实验主义哲学和政治思想产生于美国，杜威是当时实验主义的最大代表。对毛泽东接触实验主义帮助最大的还是胡适，因为他是杜威的高足，同时也是实验主义在中国的极力传播者和思想权威。毛泽东曾旁听胡适的课堂讲授，参加胡适关于墨子哲学、实验主义哲学的演讲会，特别是通过胡适系统介绍实验主义的讲演，对实验主义理论有了比较深入的了解。

第五，热衷讨论无政府主义思想。

无政府主义属于当时的激进思想之一，在青年学生中有很大影响。毛泽东在湖南一师时期就对克鲁泡特金的无政府主义互助论思想极其推崇。在北大期间，毛泽东又"读了几本无政府主义的小册子，很受影响"，并同当时无政府主义的代表人物朱谦之非常投机。从朱谦之那里毛泽东学习吸收了大量无政府主义的思想观点，两人经常一起讨论无政府主义在中国的实行问题。

此外，在同蔡元培、陶孟和、章士钊、周作人、王光祈等人的直接或间接交往中，在大量阅读各种书刊的过程中，毛泽东还大量学习吸收了民主主义、改良主义、自由主义、新村主义、工读主义等理论观点。

于是在极短的7个月时间内，各种新的理论观点和知识要素，涌进毛泽东的思想。他的理论视野急遽拓展，知识体系迅速扩张。尽管这些思想理论之间存在着相互矛盾、相互冲突的地方，但是毛泽东没有时间静下心来进行梳理分析，更没有可能进行筛选取舍，致使这些思想都平行地存在于他的思想中，都被他作为思考问题的参照系、指导实践活动的理论指南，他的整个思想便呈现出混沌无序状态。

这种混沌无序的思想结构，一方面使他在思想上有更大的比较选择空间而不限于封闭自守，能够在比较筛选、实践验证之后更坚定自己的选择；另一方面，也使他在一定时间内，不论在理论上还是在行动上，都会出现自相矛盾的状态。

追求理论与实际相结合的青年领袖

在京期间,随着接触的思想观点越来越丰富,参加的社会活动越来越多,毛泽东"对于政治的兴趣继续增高","头脑愈来愈激烈"[1],正朝着一个社会活动家和职业革命家的方向急进。但是,毛泽东绝不是一个只顾实践、单纯甚至是盲目的活动家,而是一个追求理论与实践相结合的自觉的活动家,他坚持以理论指导实践同时又以实践验证和发展理论。

1919年3月,在京的毛泽东接到母亲病重的消息,急忙动身回湖南。4月6日,他回到长沙,一面为母亲亲侍汤药,一面为解决生计问题在长沙修业小学任教,同时还坚持主持新民学会的工作,广泛接触联络长沙教育界、新闻界人士和青年学生,积极为日后进行社会活动作准备。

这期间,第一次世界大战战后协约会议正在巴黎凡尔赛宫召开,也即巴黎和会。中国是战胜国之一,因而在会上要求取消"二十一

---

[1] 〔美〕斯诺(Snow.E.)笔录,汪衡译,丁晓平编校:《毛泽东自传》(中英文插图影印典藏版),中国青年出版社2014年版,第53页。

条"，归还德国在山东攫取的特权。但弱国无外交，4月30日，巴黎和会无视中国的正当诉求，将德国在山东夺取的特权转让给日本。消息传回国内，舆论哗然，1919年5月4日，五四运动在北京爆发。

消息很快传到长沙，毛泽东大为震动，立即全身心组织领导湖南的学生爱国运动，在实践中把自己刚刚接收的各种理论观点加以运用和验证。

他迅速同新民学会会员、各校学生骨干分子，新闻界、教育界的代表人物进行联系，交换看法，提出在湖南开展爱国运动的具体意见。仅仅3天之后，5月7日，长沙各校学生举行"五七"国耻纪念游行，拉开了湖南地区爱国运动的帷幕。

5月中旬，北京爱国学生已经以北京学生联合会为爱国运动的领导者，由自发转为有序。该会派邓中夏到湖南联络，向毛泽东、何叔衡等介绍北京学生运动情况，双方交谈后认为湖南也需要这样的领导机构，所以当务之急就是对湖南学生联合会进行改组，令其充当湖南学生运动的核心，这样才能更好地发动湖南学生。

5月25日，在毛泽东的领导下，张国基、易礼容、彭璜等20多名各校学生代表会集楚怡小学开会。会上，毛泽东将邓中夏介绍给各校代表，请他通报北京五四爱国运动的经过。学生代表们听后，纷纷支持成立新的湖南学生联合会，发动学生总罢课，开展大规模的学生运动以支持北京学生运动。

5月28日，以新民学会会员为骨干的新的湖南学生联合会正式成立，新民学会会员彭璜任会长。此后，毛泽东经常到湖南学联同彭璜等学联负责人研究问题，指导他们开展工作，成为湖南学联和湖南地区五四运动的实际领导者。

6月3日，在毛泽东和湖南学联的领导下，湖南长沙的湖南省立第一师范、湘雅医学校、商业专门学校等20多个学校的学生举行总罢课。次日，长沙《大公报》发表学联的罢课宣言。宣言说："外交失败，内政分歧，国家将亡，急宜挽救"，湖南学生"力行救国之职责，誓为外交之后盾"。宣言还向政府提出拒绝巴黎和约、废除中日不平等条约等项要求。消息传开以后，罢课风潮席卷全省。随后，毛泽东同学联干部，利用暑期放假，组织青年学生到城乡、车站、码头进行爱国反日宣传，湖南的爱国运动因之进入高潮。

7月9日，在毛泽东的指导和推动下，由湖南学联发起的湖南各界联合会成立，以学生为主体的爱国运动发展到全社会。

应该说，在五四运动爆发后，毛泽东在领导湖南学生运动的过程中，已经开始了自己的职业革命家的生涯，正逐步走向政治革命的道路。当然，此时的毛泽东只能说是一个激进的民主主义者和强烈的爱国主义者，还不能说是马克思主义者。

在领导湖南五四爱国运动的过程中，毛泽东所做的一项极端重要的工作，就是在7月间创办《湘江评论》，力求以该刊为阵地，在理论上和方向上指导湖南学生爱国运动；《湘江评论》存续时间不长，但造成的影响是空前的，其文章被北京、上海各大报刊转载，每期方一出品即告售罄。由于社会影响过大，8月中旬，《湘江评论》被反动军阀张敬尧查封，毛泽东只得于9月转战《新湖南》，主编了其第7到第12号；随后又从11月开始担任长沙《大公报》的"馆外撰述员"。在这些报刊上，他撰写了大量的理论文章，实现了内在思想的理论外化。

因此，本章后续将以《湘江评论》等报刊发表的文章为切入点，分析毛泽东在五四爱国运动期间的思想面貌。

五四运动时期的思想矛盾

《湘江评论》中的基本观点,清楚地反映了毛泽东当时思想结构中的内在矛盾:在哲学世界观上,基本转向唯物主义但仍然留有唯心主义因素;在不同政治理论关系上,坚持兼容并蓄但明显倾向改良主义理论;在社会革命道路上,盛赞十月革命道路但明确主张"呼声革命";在社会关系分析上,初步掌握阶级分析方法但幻想阶级之间和乐亲善;在思想发展阶段上,初具共产主义思想但仍处于激进民主主义阶段。这种混杂矛盾的思想结构,一方面反映了他救国救民、改造中国的强烈实践冲动,另一方面也反映了他在主导性思想要素选择上的混沌无序。

(一)世界观上,基本转向唯物主义但仍有唯心主义因素

通过初步接触马克思主义理论,以及直接参加五四运动等社会实践,毛泽东的世界观正在发生重大转变,基本转向了唯物主义。在世界观上,他提出的"踏着人生社会的实际说话""引入实际去研究实事和真理"的论断,是"一切从实际出发、实事求是"的世界观方法

论的初步表述；在历史观上，他已经认识到了经济基础、物质生产和利益问题的重要性，尝试从经济利益的角度分析问题，认识到了人民群众创造历史的重要作用，明确提出了民众大联合的思想；但是，自我、个人、个性仍然被他放在中心位置，他仍然保留有唯心主义世界观的影子，同时高扬实验主义哲学、杜威的教育思想……

第一，"踏着人生社会的实际说话"：初步建立从实际出发、实事求是的世界观。

体现这一点的主要是《健学会之成立及进行》[①]一文。健学会是湖南省教育会长陈润霖联络长沙各校教职员工发起的，意在研究传播新思潮。毛泽东对这个学会大为赞扬，便在《湘江评论》以此文详细报道了建会始末及学会的具体纲领，称该会为"东方的曙光，空谷的足音"，同时也在文中对近代中国思想界一味地鼓噪和凑热闹，只是空洞地说理，不能结合社会实际和人生实际讲话，表面上风风火火，而实际上却没有效果的现象做了批评。在此基础上，他提出：必须"引入实际去研究实事和真理"。这是一个非常重要的论断，因为人们的思想和言论，是从客观实际中产生，还是从主观推论中产生；真理是通过深入实际、研究客观事实得到，还是离开客观实际根据自己的主观意志提出，是一个世界观层面的大问题，也是不同的认识论、真理论的分歧所在。

从1917年秋季时的依赖"心之力"，追求从内心中去体味真理，从思想上去探究"大本大源"，到1919年7月21日提出言论必须结合人生社会的实际，必须引入实际来研究实事和真理，通过对客

---

① 《毛泽东早期文稿》，湖南人民出版社2008年版，第333－339页。

观实际的研究获得真理，初步树立了"从实际出发""实事求是"的思想，是毛泽东实现世界观转向的一个重要体现。显然，通过初步接触马克思主义理论，他的世界观正在发生重大变化，开始摆脱唯心主义，转向唯物主义世界观。

在文章中，毛泽东并非空谈口号，而是进一步条分缕析：想要"踏着人生社会的实际说话""引入实际去研究实事和真理"就必须进行深入透彻的研究，破除自是自满的成见，敢于批评、勇于创新；想要进行独立的批评和自由的创新，就必须打破教条主义的"独断态度"造成的思想禁锢，因为"学术的研究，最忌演绎式的独断态度"。至此，文章甚至进一步辛辣地指出，中国传统思想中的"师严而后道尊""师说""道统""宗派"，都是害了"独断态度"的大病，限制了人们从实际出发去获得真理，这种思想上的强权禁锢必须打破。

第二，"民众的大联合"：初步运用唯物史观分析现实问题。

在《湘江评论》时期，青年毛泽东已经认识到了经济基础、物质生产和利益问题的重要性，尝试从经济利益的角度分析问题；已经认识到人民群众创造历史的重要作用，明确提出了民众大联合的思想。

1919年7月14日，《湘江评论》创刊，这是湖南学联为开展爱国运动创办的重要刊物，毛泽东以主编和主要撰稿人的身份为其写了力透纸背的创刊宣言。宣言中，有两句话特别值得注意："世界什么问题最大？吃饭问题最大。什么力量最强？民众联合的力量最强。"[1] 这里涉及了唯物史观的两个基本观点：吃饭问题是物质生

---

[1] 《毛泽东早期文稿》，湖南人民出版社2008年版，第270页。

产、经济基础问题，民众联合的力量是人民群众创造历史的观点。毛泽东在文章中把这两个问题提到最大、最强的地位，同过去主张"圣贤救世""精神实现""心之力"的唯心史观形成了鲜明对比，显示出他已经初步接受了唯物史观的基本思想。

7月21日，毛泽东在《湘江评论》第2、3、4号上分三部分发表了《民众的大联合》这篇雄文。他指出，民众大联合是改造国家、改造社会的根本方法，并指出了民众大联合的基础和根据是物质利益问题，这说明他已经开始把初步接受的唯物史观思想运用到对社会现实问题的分析当中了。文章甫一开篇就明确指出，国家坏到了极处，人类苦到了极处，社会黑暗到了极处，中国社会已经到了救亡图存的关键时刻，半殖民地半封建社会的危机非常严重，在这样的情况下，民众的大联合是最根本的方法。他征引中外历史发展的事实，分析指出任何巨大的社会革命和社会变革，都离不开人民群众联合的力量，而中国值此危亡之秋，只有实行民众的大联合，才能推翻帝国主义、封建军阀的统治，而民众联合不是凭空的，其基础是由于有着"共同的利益"[①]。他坚信，人民群众通过建立在共同利益基础上的大联合，就能够推翻那些为着自己的"特殊利益"而统治人民的贵族、资本家和强权者。为此，他号召占中国人口大多数的农民联合起来，为减轻地租捐税、解决吃饭问题而进行抗争；号召学生、教师、妇女各界联合起来，为切身利益和要求抗争……最后，通过全国民众的大联合，实现"思想的解放，政治的解放，经济的解放，男女的解放，教育的解放"，把中华民族建成一个"黄金的世界"，一个"光华灿烂

---

① 《毛泽东早期文稿》，湖南人民出版社2008年版，第342页。

的世界"。①

第三，自我、个人、个性仍被放在中心位置：唯心主义思想仍然浓厚。

这一时期，毛泽东虽然提出了要从实际出发来研究真理，但是，他仍然没有最后放弃"万物皆备于我"、个人实现和精神个性万能的思想，仍然把"我""个性"看作最重要的问题，仍然在认识活动中把"一己的心思"、个人意志、个性精神置于核心的，甚至决定论的位置，觉得不论是否符合人意，是否符合客观实际，求得"心所安"是根本的。这仍然是精神个人主义。②

与此同时，他极度高扬实验主义的地位，实验主义哲学、杜威的教育思想在他心中的位置犹在马克思主义之前，甚至在论述文艺复兴以来人类思想解放的重大实践和理论成就时，他把实验主义哲学、平民教育主义理论，提高到同宗教改革、民主政治、国际同盟等里程碑事件一样高的位置，足见他对实验主义哲学的高度重视。与之相对，马克思主义的理论却根本没有被提及，这也显示出，毛泽东在哲学世界观问题上尚未摆脱唯心主义的影响，尚未把马克思主义理论摆在重要的位置上。

---

① 《毛泽东早期文稿》，湖南人民出版社2008年版，第359页。
② 汪澍白、张慎恒在《毛泽东早期哲学思想探原》（中国社会科学出版社、湖南人民出版社1983年版，第137—138页。）中也指出，毛泽东在《健学会之成立及进行》中，对"我"的推崇，基本上还属于"精神个人主义"的思想，尚未摆脱资产阶级个人主义思想。

（二）政治理论上，兼容并蓄但倾向于改良主义

在这个时期，毛泽东是以"新"和"旧"为标准来看待各种政治思想的。凡是从国外引进来的、带有批判封建主义性质的思想，都被他确立为新思想，都极力赞同、接受和运用；凡是封建主义的思想文化，都被他确立为旧思想，都极力批判、反对和否定。

在这样的思潮划分标准之下，他把各种新理论、新主义都并列看待，只看到这些理论在批判封建主义文化方面的共同性，只看到它们相对封建主义文化的优越性，而在它们之间并没有进行比较、鉴别、选择，没有进行进一步的本质分析特别是阶级实质分析，没有指出哪一种是更先进、更科学的理论，更没有确定哪一种理论是根本的、主导性理论，是用以指导政治实践的根本行动指南。由此，各种新思潮都集合在他的头脑中，兼容并蓄，都被作为他行动的指导思想，使得他在理论上和实践上出现了自相矛盾的情形。

在《健学会之成立及进行》一文中，他把自由主义者蔡元培、改良主义者江亢虎、无政府主义者吴稚晖和刘师复、激进民主主义者陈独秀等放在一起，不加区分地都作为思想进步的体现，大加赞扬。这种态度反映了当时的他只是一个激进的民主主义者，只是站在反封建的立场上来看待各种新思想，只看到它们在反封建上的共同性，而对这些新思想之间的阶级实质并不重视或根本就没有弄清楚。

尤其值得一提的是，同前段列举的人物相比，李大钊应是他更为熟悉的，李大钊的观点应是他接触更多的，但是，在他列举革新思想、革新人物时反倒没有讲到身为当时中国马克思主义代表人物的李大钊。这就表明：马克思主义在毛泽东当时的思想结构中，不仅不是

最重要的，而且地位还赶不上实验主义、自由主义、改良主义、无政府主义和民主主义。这层意思在《民众的大联合》一文中表现得更为直接——在论述社会革命的方法路径时，他把无政府主义同马克思主义进行对比，认为马克思主义只是一种"拼命的捣蛋"，而无政府主义的温和革命方法则"更广、更深远"[①]。

从他所推崇的思想和人物来看，此时的毛泽东在政治理论上是兼容并蓄的，但倾向于改良主义：其推崇的实验主义在政治上反对"根本改造"、社会革命，主张点滴改良，零星推进，这是一种典型的社会改良主义政治思潮；而《民众的大联合》中推崇的无政府主义亦非采取激烈方法革命的无政府主义，而是克鲁泡特金的互助论无政府主义，主张"温和革命""呼声革命"，这显然也是一种典型的改良主义理论。

不过，对这一时期毛泽东推崇改良主义胜过马克思主义的态度也没有必要苛责。虽然马克思主义深刻揭示了人类历史发展的基本规律，是最科学、最合理的世界观方法论，具有极大的真理性力量，但是，毛泽东接触马克思主义毕竟只有几个月时间，而且还是通过二手材料的初步接触，他虽然掌握了一些马克思主义的基本观点，并初步运用马克思主义来分析中国的问题，但这还不足以让他用马克思主义来取代长期以来坚持的改良主义思想，更谈不上形成对马克思主义的信仰。

---

① 《毛泽东早期文稿》，湖南人民出版社2008年版，第314页。

（三）社会改造道路上，盛赞十月革命但又主张呼声革命

在这一时期，反对封建主义和帝国主义，在毛泽东的思想中是明确的。但是，如何反对封建主义和帝国主义，采用什么样的方式方法，走什么样的社会改造道路，则是需要进一步探讨的。面对这些问题，毛泽东当时的思想是非常矛盾的。

一方面，他热情赞颂十月革命的伟大胜利及其世界历史意义，看到了五四运动与十月革命之间的内在联系，并着力从十月革命的启发下思考中国革命和人民解放的道路。

他指出，十月革命是人民群众联合起来推翻贵族和资本家富人的社会主义革命，是被压迫者推翻反动统治的人民解放的大革命，革命的结果是成立了人民自己的政府，人民真正成为国家的主人。十月革命不仅是俄国的事情，全世界都受到强烈震动，在十月革命影响下，世界各地掀起了人民解放的大革命："匈牙利崛起，布达佩斯又出现了崭新的劳农政府……怒涛西迈，转而东行，英法意美既演了多少的大罢工，印度朝鲜，又起了若干的大革命。"[1]

他指出，十月革命开辟了人类解放的新纪元，掀起了社会主义革命的大潮。自俄罗斯以民众的大联合打倒贵族和资本家，收了"社会改革"的胜利以来，各国随之而兴起了许多的社会变革，这个变革将会蔓延到全世界。[2] 以十月革命为代表的社会主义革命将成为未来世界发展的大趋势，故而1919年之后如果有战争，那就是阶级战争，这个阶级战争的结果，就是布尔什维克主义的成功，是社会党人的成

---

[1] 《毛泽东早期文稿》，湖南人民出版社2008年版，第356页。
[2] 《毛泽东早期文稿》，湖南人民出版社2008年版，第313页。

功。在西方帝国主义逼迫下,世界其他地方的人民,必将会以十月革命为榜样,从他们那里得到启发,抛弃对帝国主义的幻想,转而倚重民众,进行社会主义革命,建立同俄国一样的共产主义的共和国。①

20世纪上半叶世界革命的实践验证了毛泽东的预言,各国人民在十月革命的启发下,纷纷进行民族独立和社会主义革命,推动了人类社会进入一个新的时代。同时,毛泽东认为十月革命在中国也引起了强烈的震动,对中国思想界产生了重大影响,给中华民族的解放指明了前进的方向。他指出:十月革命之后,中国人民看到了希望,找到了方向,在热烈欢迎十月革命的同时,掀起了轰轰烈烈的五四运动,中国革命新的时代正在到来。

他充满激情地讴歌道:中国大地上怒潮澎湃,"异军特起,更有中华长城渤海之间,发生了'五四'运动。旌旗南向,过黄河而到长江,黄浦汉皋,屡演活剧,洞庭闽水,更起高潮。天地为之昭苏,奸邪为之辟易"。②

显然,在五四运动刚刚发生不久,毛泽东就明确指出了五四运动同十月革命之间的联系,着力从十月革命的胜利经验中探索中国人民解放的道路。

另一方面,他又不赞同十月革命采用的无产阶级暴力革命,而主张实行呼声革命、无血革命,在无政府主义的温和革命和马克思主义的无产阶级革命之间,更倾向于前者。

在《湘江评论》创刊宣言中,他明确提出实行温和的"呼声

---

① 《毛泽东早期文稿》,湖南人民出版社2008年版,第324页。
② 《毛泽东早期文稿》,湖南人民出版社2008年版,第356页。

革命""忠告运动""无血革命",不赞同"有血革命""炸弹革命"。在他看来,对抗强权的最根本的主张,就是民主主义,打倒强权的根本途径是民主主义的"呼声革命"。他说:各种对抗强权的根本主义,就是"平民主义",宗教、政治、社会、经济、思想等各方面的强权,都要借平民主义的高呼,将他打倒。在打倒强权的途径方法中,主要是"急烈的"和"温和的"两种方法。他认为,强权者也是人,他们之所以滥用强权,是由于他们的失误和不幸,是旧社会旧思想造成的,他们也是受害者,如果"用强权打倒强权,结果仍然得到强权。不但自相矛盾,并且毫无效力"。因此,不应该采用"急烈的"暴力革命的方式来打倒强权者(即统治阶级),而应该采用"温和的"呼声革命的方法:"主张群众联合,向强权者为持续的'忠告运动'。实行'呼声革命'——面包的呼声,自由的呼声,平等的呼声——'无血革命'。"[①]

但是,作为强权者的统治阶级,不仅在经济上残酷剥削被统治阶级,而且用手中的武器残酷地镇压被统治阶级,当统治阶级的机关枪扫向广大人民群众时怎么办呢?毛泽东的解答仍是以一种浪漫主义的方式来幻想——统治者的士兵是由平民的儿子、哥哥或丈夫组成的,只要平民大声齐呼,拿枪的士兵就不仅会放下武器,而且会掉转枪头去打击统治者,那些统治阶级就会吓得发抖而投降,或者飞奔逃命去了。[②]这种空想主义的呼声革命思想,的确在一段时期支撑着毛泽东,他随后领导的"驱张运动"就是这样(驱张运动即湖南人民在毛

[①] 《毛泽东早期文稿》,湖南人民出版社2008年版,第271页。
[②] 《毛泽东早期文稿》,湖南人民出版社2008年版,第314页。

泽东领导下驱逐鱼肉百姓的皖系军阀张敬尧的斗争，具体本书将于第五章予以介绍）。但是反动军阀并没有在他的呼声面前发抖，反而用枪镇压了群众，到了那个时候，毛泽东才放弃了呼声革命思想。

可见，虽然他初步接触了马克思主义理论，高度赞颂十月革命的伟大意义，并尝试从十月革命的经验中探索中国革命的道路，但是，他对马克思主义的理解毕竟是初步的，尚未把握马克思主义的精髓，没有形成对马克思主义的信仰，仍然相信改良主义。

（四）社会关系分析上，初步运用阶级分析方法但幻想阶级和乐亲善

如何分析社会现象和社会关系，能够反映一个思想家的思想认识水平。长期以来，由于缺乏科学的阶级分析方法论，中国人对社会关系的分析往往停留在圣贤与愚民、君子与小人的道德区分上面。毛泽东以前也是这样，在论述圣贤救世时，他就对圣贤高度赞扬和期望，渴望圣贤君子能够带领"小人"进入大同盛世。初步接触马克思主义之后，毛泽东基本上掌握了阶级分析方法，对阶级关系的利益本质、统治阶级与被统治阶级之间的阶级斗争、资本主义国家内部的阶级矛盾、帝国主义战争的阶级性质等都有了较正确的分析和把握，能够站在无产阶级和广大劳动人民的立场上来看待世界和中国的重大事件。当然，由于对马克思主义理论的掌握还处于初步阶段，他在阶级斗争问题上还存在不正确的理解，幻想通过统治阶级的良心发现达到阶级调和，实现世界一家、和乐亲善。

在《民众的大联合》中，毛泽东运用阶级分析的方法认识到，不同阶级之间的区分主要是利益关系，阶级实际上就是不同的利益集

团，小的利益联合体形成了不同的社会阶层，大的利益联合集团就形成了不同的社会阶级。贵族、资本家等统治阶级虽然人数少，但是占有土地、机器、资本等大量的物质生产资料，他们为了"维持自己的特殊利益"，采用知识、金钱、武力等各种手段来"剥削多数贫民的公共利益"，延续自己的阶级统治。而广大人民群众正是因为缺乏物质生产资料，不得不遭受统治阶级的剥削。因此，广大劳动人民必须联合起来，只有通过斗争来推翻统治阶级才能获得自己的解放。[1]

在毛泽东这一时期的文章中，我们可以看到，因为初步掌握了阶级分析的观点，他比较清楚地看透了很多问题的实质。

在《不许实业专制》一文中，他讲道，美国资产阶级推行的实业专制，实际上就是资本垄断，结果是"几个人享福，千万人要哭。实业愈发达，要哭的人愈多"，只有废除了这种资本垄断及其造成的阶级剥削，"这才是人类真得解放的一日"。[2]在《炸弹暴举》一文中，他揭示了资产阶级国家的政治实际上就是金钱政治，统治阶级利用资本获取政治权力进一步压迫人民群众，这必然引起人民的反抗，最终推翻统治阶级。在面对第一次世界大战后，英、法、美等战胜国统治阶级欢呼胜利之际，出现的风起云涌的罢工风潮时，他指出，罢工在这些资本主义国家是常事，原因在于，这些国家存在着阶级压迫和社会不平等，工人阶级和劳苦大众不得不起来罢工。在第一次世界大战结束后，作为战胜国，中国的绝大部分人也跟着大赞这是"人类公理"的胜利。毛泽东却不这样认为，因为有了阶级分析的方法，他

---

[1] 《毛泽东早期文稿》，湖南人民出版社2008年版，第313页。
[2] 《毛泽东早期文稿》，湖南人民出版社2008年版，第295页。

比较清楚地认识到了这场帝国主义战争的实质：这实际上是资产阶级国家之间瓜分世界、进行利益再分配、权力再分配的战争，只要帝国主义国家内部的阶级矛盾不解决、帝国主义国家之间的矛盾不解决，帝国主义战争就还会发生。他说：1919年以前，世界最高的强权在德国；1919年以后，世界最高的强权在法国、英国和美国。"这回大战的结果，是用协约国政治和国际的强权，打倒德奥政治和国际的强权。"[①]这种透过现象看到战争本质的分析，同列宁的分析基本是一致的。正因看到了帝国主义战争的本质，毛泽东大胆预言：因为帝国主义之间的矛盾没有消除，战争一定还会再发生，法国虽然是战胜国，但10年、20年后必然会承受来自德国的打击[②]。果不其然，20年后的1939年，第二次世界大战爆发，德国很快就侵略了法国。

通过对以上文章的分析，总的来讲，毛泽东已经初步掌握了阶级分析的方法，能够正确地分析当时重大政治问题背后的阶级实质，这是他思想上的一个重大进步。

但是，他的马克思主义信仰毕竟尚未确立，所以头脑中仍然存在诸多不正确思想。比如，在社会阶级关系的分析上，他虽然看到了剥削阶级压迫剥削劳动人民的情况，但对剥削阶级还缺乏正确认识，甚至把他们对人民的强权剥削看成是一种"失误"，甚至是一种"不幸"或"受害"的结果。他觉得，只要持续不断地对他们进行劝说和"忠告"，他们就能够良心发现，"回心向善"，无血革命就能够实现，社会就能够避免动荡，人类就能够达到"联合地球做一国，联合

---

① 《毛泽东早期文稿》，湖南人民出版社2008年版，第324页。
② 《毛泽东早期文稿》，湖南人民出版社2008年版，第329页。

人类做一家，和乐亲善……共臻盛世"。①

（五）思想发展阶段上，初具共产主义思想但仍处于激进民主主义阶段

在这个时期，毛泽东的思想又有了进一步发展，大体可以从两个方面概括。

一方面，他大力提倡思想解放，积极推动新文化运动，对新文化运动领袖陈独秀给予高度评价，对各种新思想都大加赞扬并无情地批判和反对封建专制制度和封建主义文化，对康有为等的尊孔主张大加讽刺，这是高扬激进民主主义旗帜的表现；另一方面，他也高度赞扬俄国的工农民主制度，极力支持世界各地正在蓬勃发展的民主力量，号召广大工人阶级及广大劳动人民联合起来，对旧的社会制度进行根本改造，实现包括自身在内的全人类的解放，这是初具共产主义思想的表现。但是，他对工人阶级的阶级性质和历史使命、无产阶级革命道路、无产阶级政党、共产主义社会制度等问题，尚缺乏明确的认识，因此距离一个真正的共产主义者还有一定的路程，仍处于激进民主主义阶段。

就其思想中的共产主义思想而言，此时的毛泽东已站在阶级分析的立场上，认为民主政治的出现和发展，是文艺复兴以来人类在社会改革方面最重大的成就之一。他觉得这意味着独裁政治变为代议政治，有限制的选举变为没限制的选举，由少数阶级专制的黑暗社会变

---

① 《毛泽东早期文稿》，湖南人民出版社2008年版，第314页。

为全体人民自由发展的光明社会。①

这一观点显然建立在当时的时代背景下。1917年11月7日,俄国爆发了无产阶级领导的社会主义革命——十月革命,推翻了封建贵族和资产阶级的统治,建立了工农民主政权,人民真正成为国家的主人,实现了真正的人民民主,把民主政治推到了一个新的阶段。在十月革命的激发下,世界各国民主运动蓬勃发展,匈牙利、奥地利、德国等国群起响应,纷纷发生革命,建立与俄国相同或大致接近的无产阶级专政的人民民主政权。

由此,毛泽东进一步认识到,中国人民也应该奋起同专制制度进行斗争,因为世界是人民的世界,人民应该当家作主。他坚信中国最广大的农民阶级、工人阶级和一切被压迫阶级应该联合起来,推翻不合理的社会制度,实现自身的解放大旗。为此,在《民众的大联合》中,他充满激情地呼吁:"天下者我们的天下。国家者我们的国家。社会者我们的社会。我们不说,谁说?我们不干,谁干?"②

就其思想中的激进民族主义而言,这一时期,毛泽东思想的重点主要是高扬思想解放大旗,推动新文化运动,坚决反对封建专制制度和封建主义文化,其基本的观点仍然是激进民主主义。这种观点既是当时整个社会思想活跃的反映,更是他个人思想活跃的表现。他笔下的《〈湘江评论〉创刊宣言》就可以说是一个思想解放的宣言,开头就把思想解放看成一种浩浩荡荡的世界潮流,断言在这股大潮中,旧思想、旧做法、旧制度,都要怀疑,都要批判;呼吁为了宣传各种各

---

① 《毛泽东早期文稿》,湖南人民出版社2008年版,第270页。
② 《毛泽东早期文稿》,湖南人民出版社2008年版,第356页。

样的新思想，要进行彻底研究，不受一切传说和迷信的束缚，追寻真理，同一切反动势力作坚决的斗争。

为此，毛泽东不仅大力赞扬，而且积极投身新文化运动这场轰轰烈烈的思想解放运动当中。他创办《湘江评论》的目的，就是要高扬民主和科学的旗帜，大力开展新文化运动。在大力推进新文化运动的过程中，他无情地批判和反对封建专制制度和封建主义文化，对中国思想界、政治界的各种旧思想、旧势力，特别是对中国封建迷信、缺乏科学与民主的现状，给予了坚决的批判。[①] 在《健学会之成立及进行》一文中，他更是直言不讳，尖锐批判了近代中国思想的重大缺陷就是"自大的思想""空虚的思想""'中学为体、西学为用'的思想""以孔子为中心的思想"，认为其核心点就是复古思想和不切实际的思想。[②]

在毛泽东为高扬思想解放奔走呼吁时，1919年11月中旬，长沙城发生了一起轰动全城的悲剧事件，新娘赵五贞因反对包办婚姻在花轿内自杀。这件事对毛泽东触动不小，他连续在长沙《大公报》和《女界钟》发表《对于赵女士自杀的批评》《赵女士的人格问题》等评论文章，称赵女士的人格"光焰万丈"，她舍生取义的死使"柑子园尘秽街中被血洒满，顿化成了庄严的天衢"，并痛心疾首地称赵女士是被中国社会、赵家父母、夫家三面铁网逼死的，这背后是封建社会宗法制度的黑暗、封建礼教对人的摧残。他甚至直呼"天下类于赵女士父母的父母都要入狱"，号召人民起来摧毁腐朽的封建专制制度

[①] 《毛泽东早期文稿》，湖南人民出版社2008年版，第281—282页。
[②] 《毛泽东早期文稿》，湖南人民出版社2008年版，第333—339页。

和封建主义文化。

综上，自毛泽东从一师毕业到他投身五四爱国运动，其实不过短短一年时间，其中他在北京的时间则不过 7 个月。但这一年却是毛泽东理论与实践的双丰年：在京接触的一流学者令他的知识储备迅速扩充，理论视野急遽开拓，而五四运动的爆发则为他提供了最好的实践机会，让他将精力集中于发表论文，将混杂矛盾的内在思想进行理论外化，并思考这些多元并存、内在冲突的思想如何与内心宏大的社会理想结合。如此，庞杂的种种思想不仅没能阻碍其进步的脚步，反而让他在思想上有更大的比较选择空间而不限于封闭自守，从而使其在比较筛选、实践验证之后更坚定自己的选择。

从湖南省立第一师范毕业后，毛泽东第一次赴京。在短时间内，他接触了一大批思想界的一流学者，大量接收了刚刚引入中国的新思想、新观点，知识储备迅速扩充，理论视野急遽开拓。各种理论观点一并进入其思想当中，短时间内根本无法进行归纳整理，更没有进行筛选取舍，致使哪一种思想观点都难以成为主导性的思想要素。由此，他在湖南一师时期初步确立的思想结构迅速遭到极大冲击，陷入多元并存、内在冲突的混杂无序状态。

北京之行后，当他急需冷静下来进行理论梳理和实践检验时，五四运动爆发，他迅速投身于火热的社会实践中，发表了一大批理论文章。其混杂矛盾的内在思想得到理论外化，几乎各种思想观点都被他提升到实践指南的层面加以宣扬和推广，在理论上呈现自相矛盾的状态：

在哲学世界观上基本转向唯物主义，但仍然留有唯心主义因素；

在不同政治理论关系上坚持兼容并蓄,但明显倾向改良主义理论;

在社会革命道路上盛赞十月革命道路,但明确主张"呼声革命";

在社会关系分析上初步掌握阶级分析方法,但幻想阶级之间和乐亲善;

在思想发展阶段上初具共产主义思想,但仍处于激进民主主义阶段。

这样的思想状况,使毛泽东能够在宏大社会理想的引领下,思想上有更大的比较选择空间而非封闭自守,从而在比较筛选、实践验证后更坚定自己的选择。

第5章

思想过滤：
在躬行实践中检验多种理论观点

空想社会主义实验"无果而终"

实验主义的尝试及其最终放弃

驱张运动的改良主义实践及其失败

湖南省立第一师范毕业之际，青年毛泽东的思想就是一个充满着哲学二元论、空想社会主义、社会改良主义、克鲁泡特金的互助论无政府主义、托尔斯泰的泛劳动主义、社会民主主义等思想观点的大杂烩。

第一次进京后，他又在短时间内接触了马克思列宁主义、无政府主义、实验主义、新村主义、工读主义等一系列新思想。一时之间，青年毛泽东的思想结构呈现出多元并存、内在冲突的混杂状况。究竟哪种主义真正适合中国，能够成为他改造中国、救国救民的行动指南，成为他思想发展的主导方向，他尚未进行系统的归纳整理和实践检验。用他自己的话说："我于种种主义，种种学说，都还没有得到一个比较明了的概念"，"还在彷徨，还在'找出路'"。

毛泽东从来不是一个坐而论道的人，不是一个闷坐书斋苦思冥想的人，任何新思想、新理论，他都要放到实践中去检验一番，用事实来验证这些思想理论的可行性。他也不是一个人云亦云、随波逐流的人，总是通过亲身体验来获得独立性的认识。

为着探索整个世界宇宙、整个人类历史的大本大源，为着探寻改造中国、救亡图存的根本出路，他不仅猛烈地吸收各种新的理论和主义，更要对这些理论和主义做一番实践考察，在亲身体验中比较鉴别、决定取舍。

正是基于这样的思想发展特点和理论追求目标，他从1919年5月到1920年10月间，把几乎所有个人认为有价值的主义都进行了亲身实践。正是在这些实践中，青年毛泽东逐步厘清了自己的思想，先后放弃了空想社会主义、社会改良主义、无政府主义等思想，选择了更加科学、更加符合中国实际需要的马克思列宁主义作为行动指南，从而也牢牢地确定了思想发展的根本方向。

空想社会主义实验"无果而终"

五四时期，中国思想界极其活跃，为寻求救亡图存、社会改造的途径，先进知识分子通过各种渠道，吸收和接受世界上的各种新思想、新主义。在此期间，空想社会主义、新村主义、工读主义等思想产生了很大影响，怀抱救国理想的毛泽东对这些理论都认真予以学习并进行实验。

（一）初行即止的"大同社会"实验

中国古代文化典籍《礼记·礼运篇》中，曾经描绘过一个令人向往的理想社会模型：

"大道之行也，天下为公，选贤与能，讲信修睦。故人不独亲其亲，不独子其子，使老有所终，壮有所用，幼有所长，鳏、寡、孤、独、废疾者皆有所养。男有分，女有归。货恶其弃于地也，不必藏于己，力恶其不出于身也，不必为己。是故谋闭而不兴，盗窃乱贼而不作，故外户而不闭，是谓大同。"

在这个"大同社会"里，物质丰富，文化发达，人民道德高尚、和谐相处，没有战争和盗窃。这样的"大同社会"理想是传统儒家学说的重要内容，千百年来，中国知识分子都对此孜孜以求。

熟读中国传统文化精义的毛泽东对大同社会的理想是非常熟悉的，而且也长时间追求这样的理想社会，他在湖南省立第一师范期间就多次谈到大同社会。当然，毛泽东对大同社会的描绘和追求，同康有为的《大同书》有千丝万缕的联系。

1913年，康有为在《不忍》杂志上发表了《大同书》的甲、乙两部，即"入世界观众苦"和"去国界合大地"两个部分。在此书中，康有为把大同社会的理想具体化，他依据《春秋公羊传》把社会历史发展分作据乱世、升平世、太平世三个时期；又结合《礼记·礼运篇》中的"大同"说，提出了他的理想社会思想。[①] 而且，《大同书》也广泛采纳近代西方的空想社会主义的思想，把传统的理想社会同空想社会主义杂糅混合，形成了中国近代思想史上空想社会主义思想的代表作。

毛泽东很快关注到康有为的这部著作，受到书中观点的影响。在1917年8月23日的信中，毛泽东对黎锦熙说，在改造中国和世界的大本大源问题上，孙中山、袁世凯、康有为3人中，"独康似略有本源矣"。他赞同康有为《大同书》中的理想设计，渴望达到君子小人"共跻圣域"的理想境界。

为了验证这种浪漫设想，向来追求理论与实践相统一、通过实践来验证理论的毛泽东，一有机会就将这种大同社会付诸实践。1918年春季，在将从湖南省立第一师范毕业之际，他就曾邀集好友蔡和森、

---

① 康有为：《大同书》，中国人民大学出版社2010年版，第7页。

张昆弟等人,按照大同社会思想和克鲁泡特金的互助论思想在岳麓山进行试验。他们寄居在岳麓书院半学斋湖南大学筹备处,踏遍岳麓山的各个乡村,想建立一个心目中理想社会的试验点。其间几人自己挑水拾柴,用蚕豆拌大米煮饭,坚持读书自学、相互讨论,尝试进行半工半读、平等友爱的互助生活。

对此次经历,毛泽东后来在《学生之工作》一文中记载道:"我数年来梦想新社会生活,而没有办法。七年(即1918年——引者注)春季,想邀数朋友在省城对岸岳麓山设工读同志会,从事半耕半读,因他们多不能久在湖南,我亦有北京之游,事无成议。"[①]

按文中所述,这个实验才刚刚开始,毛泽东就接到了杨昌济先生从北京寄来的关于赴法勤工俭学的书信,开始把主要精力投入组织新民学会会员赴法勤工俭学事宜,这次空想社会主义的实验也就因"北京之游"不了了之。

尽管如此,他对大同社会式的空想社会主义的渴望并没有从此就停止,仍然渴望亲身实践一番。此后他进行的新村主义和工读主义的实验在很大程度上就是这种实践的继续,尽管加进了新的思想内涵。

(二)美而未行的新村主义设计

新村主义是由日本自然主义作家武者小路实笃提出和倡行的、一种空想社会主义的主张。作家武者小路实笃(1885-1976)出身于日本贵族,年轻时受托尔斯泰的影响,在东京创办《白桦》杂志,提倡人道主义。他曾撰文比较系统地阐述了自己的新村主义理论。他认

---

① 《毛泽东早期文稿》,湖南人民出版社2008年版,第406页。

为，人的生活就是"各人先尽了人生必要的劳动的义务，再将其余的时间，做个人自己的事"，他希望通过建立一个个这样的新式村庄，将这种新村主义的社会理想推广到全世界，梦想着"将来有这一时代，各人须尽对于人类的义务，又能享个人的自由"。[1]

这种新村主义，吸收了19世纪初期欧文、圣西门等人的空想社会主义思想，同时也吸收了克鲁泡特金无政府主义的互助论、托尔斯泰的泛劳动主义、北美工读主义思想，实际上是一种小资产阶级空想社会主义思想的混合物。

1918年，实笃创办了专门研究新村问题的刊物《新村》杂志，介绍新村主义的理论主张和实验活动。1919年，他在日本鹿儿岛的日向地方组织了"第一新村"，发起新村运动，在日本的青年知识分子中产生了较大影响，并逐渐传播到中国。

在中国，传播新村主义的学者中，周作人是最重要的代表。1919年3月15日，他在《新青年》上发表《日本的新村》一文，说新村"实在是一种切实可行的理想"。1919年暑假，周作人专程到日本九州的日向新村参观，归来后于1919年10月在《新潮》二卷一期发表《游日本新村记》。1919年11月8日，他在天津讲《新村的精神》。

周作人不仅向中国知识界介绍新村主义的情况，而且还尝试进行新村主义实验。1920年2月，他向人们宣布，他主持的"新村北京支部"成立，着手进行新村建设实验。目的是通过创建一个个共同劳动、共同消费、没有剥削和压迫、人人幸福平等的新式村庄，来改造旧社会、创立新社会。

---

[1] 参见彭明：《五四运动史》，人民出版社1984年版，第506—507页。

第 5 章 思想过滤：
在躬行实践中检验多种理论观点

从《新青年》上看到周作人对新村主义的介绍后，毛泽东立即产生了浓厚兴趣。于是，1919年春，当他从北京回到长沙后，很快就着手进行这种新村主义的实践，提出在岳麓山建设新村的计划。这个计划先从办一所实行社会说、本位教育说的学校入手，以新家庭新学校及旁的新社会连成一块为根本理想。

同一年前的"大同社会"实验相比，这个计划指导理论更加明确，就是按照新村主义的模式进行。然而，这次实验也没有真正开展起来，因为很快他就全身心地投入五四运动当中了。

虽然如此，毛泽东对新村主义实验的热情并没有中止，且因为没有真正进行完整的实验，他对尝试新村主义更加渴望，并在理论上有了缜密的设计。1919年12月1日，他在《湖南教育月刊》第一卷第二号上发表了《学生之工作》[①]一文。文中以新村主义为主，杂糅了康有为大同书、克鲁泡特金互助论、工读主义、改良主义，以及当时流行的其他新思想，提出了一个颇有趣味的新村主义实验规划。

呈现在这份新村设计中的，是一张不切实际的、世外桃源式的空想社会主义蓝图。在这个新村式的理想社会里，设有"公共育儿院，公共蒙养院，公共学校，公共图书馆，公共银行，公共农场，公共工作厂，公共消费社，公共剧院，公共病院，公园，博物馆，自治会"。人们在这里没有私心，没有私利，一切都是公有制，过着极其悠闲安逸的自由生活：栽些花草菜蔬，种些粮棉稻木，养些鸡鸭鱼鹅……毛泽东关于新村成员每日生活的安排，则带有浓厚的浪漫主义色彩：学生每日时间分为"六分"，"睡眠二分""游息一分""读

---
① 《毛泽东早期文稿》，湖南人民出版社2008年版，第406－414页。

书二分""工作一分",即睡眠八小时、游息四小时、自习四小时、教授四小时、工作四小时。

这样的设计蓝图美则美矣,但问题的关键是,如何实现和运行,其实现途径和运行的基础何在?毛泽东的设计看上去好像很合理、很自然:创造新学校,施行新教育,让学生们在农村半工半读;由这些新学生,创造新家庭,把若干个新家庭合在一起,创造一种新社会;把一个个的新社会连成一片,国家便可以逐渐地从根本上改造为一个大的理想的新村。但是,这实际上只是一种自洽的逻辑推理过程,而不是现实的运行过程,蓝图中创造新学校、办理新教育的经济基础、政治制度基础都是不存在的,故而在其前提下逻辑推理出来的那些结果性的东西都是不可能出现的。

并且,毛泽东的这个设计仍然没有真正实施。计划刚准备进行,就被紧迫的"驱张运动"打断了,只不过事后毛泽东对此事仍保持着一定的热情。他第二次到北京时,曾专门赴周作人的寓所,拜访这位中国新村运动的倡导人,探讨新村主义和新村建设问题,并在随后的工读主义实践中力图贯彻自己的这个设计。

(三)"没有把握,决定停止"的工读主义

中国的工读主义思潮和运动萌发于第一次世界大战期间旅法华工教育,其基本主张有:以工兼学、勤工俭学、半工半读、工人求学、学生做工、工学兼营、工学并进、手脑并用等,具体有很多流派。

早在1914年,留学美国的中国学生就成立了"勤学会",尝试工读主义。1916年,"勤学会"更名为"工读会","以半工半读为助成学业之方法,以节省费用为推广留学之方法",工读主义由此出笼。

五四时期，李大钊、瞿秋白等都写过一些文章，介绍工读主义思想和美国工读主义公社的实验。李大钊、陈独秀、蔡元培、胡适、周作人、张崧年（即张申府）等还发起募捐活动，推动工读主义在中国实践，于是中国人开始进行工读主义实验。

毛泽东在少年时期就可以说是处于"半工半读"的生活当中——白天读私塾，早晚都要从事劳动。在湖南省立第一师范期间，他又多次到农村考察，甚至毕业之际还同蔡和森、张昆弟等在岳麓山进行过半工半读尝试。这些未接触工读主义前的经历，都反映了他思想中力求把读书与劳动、理论与实践相结合的追求。因此，对于工读主义，毛泽东可以说是情有独钟。一旦接触了工读主义的理论，他更是渴望在实践上进行实验。

1919年底，毛泽东第二次到北京。在京期间，他学习和研究了工读主义理论，还直接接触了工读主义实验团体。这个实验团体是由中国少年学会的部分负责人发起的，当时已经集合了北京大学等学校的几十个男女学生，组成了三个"工读互助团"，试图用这种和平的、以典型示范的方式来创建新生活和新社会。当时，通过中国少年学会发起人李大钊的介绍，毛泽东已经正式参加学会，故而有机会参观工读互助团。

毛泽东参观时，男子工读互助团已告失败，但仅存的女子工读互助团还是让他"觉得很有趣味"，并饶有兴趣地写信向长沙的新民学会会员做了介绍。虽然看到工读互助团办得并不理想，但这毕竟是一种新生活的体验，对于广泛接收新思想、新主义，正在探索救国救民道路的毛泽东来说，工读主义仍然具有极大的吸引力，他渴望通过自己的亲身实践来检验这个主义的可行性。

1920年3月14日，毛泽东在给周世钊的信中，提出了一个在长沙从事工读主义实验的初步规划。他说，要在长沙创造一种新的生活，邀集一些志同道合的人，租一所房子，实行共产的生活。如何进行这种共产的生活呢？他按照工读互助团的模式，列举了教课、投稿、编书、劳力的工作等几种取得生活费的方法，这些"所得收入，完全公共。多得的人，补助少得的人，以够消费为止"。他甚至已经在信中表示准备邀请周世钊、何叔衡等人参加这个"工读互助团"，并且强调这个组织最要紧的是成立学术谈话会，每周至少进行学术谈话两三次。可以看出，毛泽东对工读主义的热情非常高，从事实践的愿望非常急切。

虽然因驱张活动等事务缠身，又和周世钊身隔两地，这一在长沙施行的计划未能马上落实，但此时毛泽东还和新民学会会员彭璜等参与发起上海工读互助团，并邀请陈独秀等一起发起了上海工读互助团募捐活动。1920年3月，上海《时事新报》和《申报》均发表了《上海工读互助团募捐启》，启事中还附有他们制定的《上海工读互助团章程》，对工读互助团的具体要求做出了比较详细的规划。从这个启事看，他们要通过组织工读互助团，创造一种"教育与职业合一、学问与生计合一"的新的生活方式和教育模式，以帮助那些具有新思想的青年解除旧社会、旧家庭种种经济上、意志上的束缚，形成一种新的生活、新的组织。从这个启事看，毛泽东、彭璜等人当时是很认真地想办好这个互助团的。但是，发布这个启事之时，毛泽东正在北京组织驱张运动，他只是参与了规划，没有也不可能直接参加实验。

对于毛泽东来说，没有亲身实践总是不满足的，是不能得出结论的，他在寻找机会。1920年4月上旬，机会终于到来。当时，湖南代表会议决定，除少数人外，在京驱张代表分赴武汉、上海等地进行活动，毛泽东于是离京赴沪。在上海，应彭璜邀请，毛泽东得到了实践工读主义的机会。他同彭璜、张文亮等一起，在上海民厚南里租了几间房子，"共同做工，共同读书，有饭同吃，有衣同穿"，试行工读互助的生活。这是他亲身参加的一次比较正式的工读互助团实践。但是，这次实验没有也不可能成功。

一个月后，彭璜即写信告诉朋友，经过实践，这种工读的生活不容易办到，上海工读互助团已经失败。1920年6月7日，毛泽东在致信黎锦熙时也明确表示：工读团没有把握，决定停止。这样，经过实践检验之后，毛泽东基本放弃了工读主义式的空想社会主义思想。

实验主义的尝试及其最终放弃

青年毛泽东对胡适十分崇拜。早在湖南省立第一师范读书期间，毛泽东就对胡适高度推崇；第一次北京之行期间，他同胡适有了直接接触，对胡适所宣传的实验主义高度赞同；五四运动期间，他在《湘江评论》中对实验主义大加赞扬；在是否留学、发起湖南自治运动（详见第七章）、创办自修大学等许多重大问题上，他多次向胡适请教并接受其意见；在"问题与主义"的争论中，他明显地偏向"问题论"，并规划成立"问题研究会"，力图将胡适的实验主义付诸实践……

不过，经过亲身实践和思想理论的深入发展，毛泽东逐步放弃了实验主义思想，站在马克思主义的立场上对实验主义有所批评。

（一）青年毛泽东对胡适十分崇拜

1919年前后，青年毛泽东有一个同实验主义的"蜜月期"，曾高度赞扬实验主义思想，并规划成立问题研究会，试图从事实验主义实践。这同他与胡适之间的多方面交往是有直接关系的。

胡适，字适之，是五四时期著名的学者，曾于北京大学任教。胡适最初引起毛泽东关注的，是他在《新青年》发表的《文学改良刍议》一文。毛泽东很赞同该文观点，很快就把胡适作为自己学习的"模范"，"十分崇拜陈独秀和胡适所作的文章"[1]。当时，毛泽东不仅推崇胡适的文学主张，对于胡适的名望和思想也十分景仰。胡适是新文化运动的旗手之一，在国学和西学方面都有深厚的造诣，在文学、哲学、历史等方面都有独到见解，他以新的观念、新的思想、新的方法对中国的社会现实、政治发展、教育改革、文学改良进行分析，在当时的思想界颇负盛誉。

第一次赴京期间，毛泽东直接接触了胡适，和他有过多次交流，对他所宣扬的实验主义高度认同。在毛泽东组织的新民学会会员与名家学者的座谈活动中，胡适是座上宾。这些活动增加了毛泽东同胡适之间的直接交往，也使毛泽东更加渴望从这位新文化干将身上获取更多的思想滋养。1918年10月到次年3月，毛泽东到北京大学图书馆任助理员，其间参加了北京大学的哲学研究会，在研究会的讨论中听到过胡适的演讲。同时，毛泽东还旁听过胡适的课堂讲授，参加过胡适关于墨子哲学、实验主义哲学等主题的演讲会，特别是胡适系统介绍实验主义理论的"实验主义"的讲演。通过这些接触，毛泽东开始对实验主义有所了解。

后来，毛泽东虽离开北京，在湖南投身五四运动并创办了《湘江评论》，但在创办和领导《湘江评论》期间，毛泽东和胡适惺惺相

---

[1] 〔美〕斯诺（Snow.E.）笔录，汪衡译，丁晓平编校：《毛泽东自传》（中英文插图影印典藏版），中国青年出版社，2014年版，第49页。

惜，互相推崇、相互支持。《湘江评论》在一定程度上说就是在胡适的影响下办起的，它和五四时期由李大钊、陈独秀、胡适共同创办的《每周评论》杂志渊源颇深。毛泽东深受这个刊物影响，故而无论从《湘江评论》刊名的确定、刊物的形式和出版周期，还是从刊物的思想倾向和文体风格，都可以看到《每周评论》的影子。《湘江评论》出版后，毛泽东如期将刊物寄送给胡适，胡适对《湘江评论》，特别是毛泽东撰写的《民众的大联合》给予过极高评价。他在1919年8月24日出版的《每周评论》第36号上发表的《介绍新出版物》一文中说："现在新出版的周报和小日报，数目很不少了。……现在我们特别介绍我们新添的两个小兄弟。一个是长沙的《湘江评论》，一个是成都的《星期日》""《湘江评论》的长处是在议论的一个方面。第二、三、四期的《民众的大联合》一篇大文章，眼光很远大，议论也很痛快，确是现今的重要文字。……武人统治之下，能产生出我们这样的一个好兄弟，真是我们意外的欢喜。"

除此之外，青年毛泽东在是否出国留学、领导驱张运动、发起湖南自治等一些关键问题上，都曾与胡适联系，征询胡适的意见并谋求胡适的支持。

如前所述，毛泽东自湖南省立第一师范毕业后的第一次赴京，既有组织新民学会会员赴法留学的需要，也有个人求学的原因。当时，为是否出国留学，他是有过一番思考的。在1920年3月14日致周世钊的信中，毛泽东也谈到自己的留学问题，坦言他曾以此请教过胡适和黎锦熙，二人都赞同不必执着于出国留学，毛泽东还以胡适的《非留学篇》为自己的决定当依据。显然，毛泽东之所以选择不出国留学，胡适的意见是起了一定作用的。

在《湘江评论》时期之后，毛泽东又先后投身于驱张运动和湖南自治，这一期间毛泽东也多次同胡适接触，希望借助他的名望获得支持，而且就运动发展的方向、对策等方面问题征询胡适的意见。在带领驱张代表团赴京请愿期间，毛泽东多次同胡适接触，争取胡适对湖南驱张运动的支持。驱张运动后期，毛泽东赶赴上海，其间也曾致信胡适，谈论湖南驱张之后的自治问题。回到湖南后，他又于1920年7月9日寄给胡适一张明信片，内中也谈到驱张运动和湖南自治问题。明信片是这样写的："适之先生：在沪上一信，达到了么？我前天返湘。湘自张去，气象一新，教育界颇有蓬勃之象。将来湖南有多点须借重先生之处，俟时机到，当详细奉商，暂不多赘。"①

正因为毛泽东同胡适之间有这些多方面的交往，所以他对胡适所宣传倡导的实验主义产生了一种自然的亲近感，再加上当时的个人思想状况，毛泽东很快就接受且高度认同了实验主义理论，并开始规划进行实验主义理论的实践。

（二）高度评价实验主义

胡适所引进和推崇的实验主义，大力提倡"重估一切价值"，提出一切学说必须经过实验证明，必须要解决社会人生的切要问题、对社会进行改良。这种主张对于解放思想、破除迷信、对抗强权、注意研究实际问题，都起到了一定的促进作用，对于当时中国思想界的发展也产生了积极的作用。

当时的青年毛泽东对实验主义高度认同、极力推崇，将它视为新

---

① 《毛泽东早期文稿》，湖南人民出版社2008年版，第445页。

思想、新文化的典型代表。他在《〈湘江评论〉创刊宣言》中，将实验主义列为近代思想变革的标志之一，指出，自从文艺复兴以来，人类进入思想解放和全面改革的时期，在宗教、文学、政治、社会、教育、思想等方面，对封建专制主义进行了全面的改造："见于宗教方面，为'宗教改革'，结果得了信教自由。见于文学方面，由贵族的文学，古典的文学，死形的文学，变为平民的文学，现代的文学，有生命的文学。见于政治方面，由独裁政治，变为代议政治。由有限制的选举，变为没限制的选举。见于社会方面，由少数阶级专制的黑暗社会，变为全体人民自由发展的光明社会。见于教育方面，为平民教育主义。见于经济方面，为劳获平均主义。见于思想方面，为实验主义。见于国际方面，为国际同盟。"[1] 在这段论述中，可以看出，毛泽东把实验主义提高到同宗教改革、现代文学、民主政治、平民教育、国际同盟等对人类历史意义重大的变革一样的高度，显见他对实验主义评价之高。

毛泽东之所以对胡适所宣扬的实验主义高度认同并加以赞扬，与他的知识接收方式以及他当时的思想理论状况是有关系的。

一方面，这与毛泽东长期以来在知识接收方式上存在情感决定论倾向有关。在青年毛泽东思想发展的进程中，情感影响甚至决定思想的倾向是非常明显的。当他在感情上倾向于某一个人或某一种思想时，他往往被感情左右，在感情的驱使下，超越理性的判断，以感情上的好恶作为选择的标准。

另一方面，这与毛泽东长期受到的湖湘学派文化传统熏染有关，

---

[1] 《毛泽东早期文稿》，湖南人民出版社2008年版，第270页。

尤其是，与毛泽东长期以来坚持的社会改良主义思想有关。

就湖湘学派文化传统而言，湖湘学派的一个核心理念就是经世致用，基本的治学方法就是实事求是，这一学派虽然也追求性理之学以探究事物的大本大源，但更看重的是追求事功，通过对具体问题的解决获得具体的实效，而不是好高骛远、务虚空谈。因此，实验主义追求解决具体问题的思维方式和思想导向，同毛泽东思想深处的这种实事求是和经世致用的思维趋向有某种共通性。因此，一旦接触了实验主义，毛泽东很自然地对它产生了一种思想偏好。

就社会改良主义思想而言，总的来说，一点一滴地解决问题的社会改良主义思想，在当时毛泽东的思想结构中处于极其重要的地位。虽然他谋求在大本大源上解决改造中国和世界的问题，但这种大本大源更多的是从思想层面上、从哲学和伦理层面上提出的。从实践层面来看，毛泽东则更注重以解决现实问题为中心，谋求一点一滴地解决问题，采取渐进式的改良主义而不是突变式的革命主义，而实验主义的社会改良思想正好同他的思想趋向有共通之处。

（三）《问题研究会章程》与实验主义尝试

就在毛泽东创办《湘江评论》期间，胡适同李大钊之间关于"问题与主义"的争论开始了。1919年7月20日，胡适在《每周评论》第31号上发表《多研究些问题、少谈些"主义"》[①]一文，挑起了"问题与主义"的论争。这是以胡适为代表的实验主义同以李大钊为代表的马克思主义之间的争论公开化，是马克思主义在中国传播过程

---

① 《五四运动文选》，生活·读书·新知三联书店1959年版，第312－316页。

中出现的第一次论战,是社会革命论与社会改良主义的论战,标志着新文化运动统一战线内部的马克思主义者与改良主义者分裂的开始。

胡适认为,当时思想界流行的弊病,就是空谈主义而不去研究具体问题的解决办法,这种空谈主义并夸口说是根本解决的做法,是中国思想界的破产,是中国社会改良的死刑。他指出,"空谈好听的'主义'是极容易的事,是阿猫阿狗都能做的事,是鹦鹉和留声机器都能做的事";"空谈外来进口的'主义'是没有什么用处的"。胡适在这里批评的"外来进口的'主义'",主要就是主张"根本解决"的马克思主义和无政府主义。当然,当时的毛泽东对此并不了解。

李大钊于1919年8月17日在《每周评论》第35号上发表了《再论问题与主义》[①],表示了不同意见。针对胡适过分强调解决实际问题,李大钊提出:"一方面固然要研究实际的问题,一方面也要宣传理想的主义",两者是相互作用的,并不矛盾冲突。李大钊根据马克思主义观点,正确地指出"必须有一个根本解决,才有把一个一个的具体问题都解决了的希望"。同时,他也主张,在采取社会革命根本解决之前,可以通过解决具体问题,如增加工资、缩短工时、争取部分权利等,来组织和发动群众。

这场交锋中,"根本解决"的问题是当时革命派与改良派争论的一个焦点。关于"根本解决"中国问题的主张,是李大钊运用马克思主义观察中国政治问题所得出的主要结论。

就在"问题与主义"争论正在开展之际,毛泽东计划在长沙成

---

① 《五四运动文选》,生活·读书·新知三联书店1959年版,第305－311页。

立一个问题研究会，力图从理论上深入研究实验主义问题，从实践上进行实验主义尝试。1919年9月1日，他起草了《问题研究会章程》①，寄给北京大学的邓中夏，刊发于10月23日的《北京大学日刊》上。这个《章程》的思路和主旨与胡适的主张基本一致，甚至章程中的很多问题和话语都直接来自胡适的文章，其所列的大小一百多项问题是对胡适文章中所提出的问题的具体展示。《章程》共分十二条，第一条讲的是宗旨，接受了胡适的基本主张——多研究问题。第二条列举了一大批有待研究的问题，其中大项目共有71项问题，其中8项大问题之下又列出一些具体的小问题，大小问题相加，共140多个。这些大、小问题，涉及政治、经济、文化、社会、历史、教育、法律、国际、技术等各个方面。通过分析这些问题，可以明显地看出毛泽东在设计问题时，基本是按照胡适的思路来安排的，其中有些直接就是胡适文章中点到的问题，有些则是胡适的老师杜威的观点。在章程的第三条，涉及的是问题和主义问题，这表明毛泽东在撰写章程的时候，是把胡、李二人的文章都认真阅读过的。但是，这一条中所列举的"特须注重研究之主义"（哲学、伦理、教育、宗教、文学、美术、政治、经济、法律、科学），并不是通常意义上的主义（观点和理论的体系），更不是李大钊在论争中所坚持的马克思主义，实际上只是对毛泽东在第二条中所列举问题的学科所做的归类和概括，也就是说仍然属于问题的范畴。因此，毛泽东在这里虽仿用了李大钊的观点，但思想的倾向则主要是胡适的问题论。总之，毛泽东在思想倾向性上是站在胡适的实验主义一边的。

---

① 《毛泽东早期文稿》，湖南人民出版社2008年版，第362－368页。

毛泽东撰写《问题研究会章程》的目的是希望邀请一批志同道合的朋友，共同进行研究，通过问题研究会对实验主义有一个亲身的实践。但是，这个实验并没有真正实现，问题研究会既没有会员和组织，也没有开过什么会，这是因为毛泽东很快就全身心投入驱张运动当中了。虽然这次实验主义的实践没有完全展开，但毛泽东仍然通过随后进行的驱张运动、新村主义实验、工读主义实验等，对实验主义的实质有了更多、更深刻地理解。

等到 1919 年 12 月，毛泽东就已经对实验主义纯粹讲求点滴改良表示怀疑和不满了。他说，要真的使家庭社会进步，就不能只讲求"改良其旧"，而必须"创造其新"，宏大的社会制度变革，仅仅靠改良是不能奏效的。当然，此时毛泽东思想中的改良主义尚未完全消除，因此对胡适实验主义的青睐依然存在。直到 1920 年 11 月底，当湖南自治失败之后，毛泽东对改良主义才彻底绝望，彻底清算了思想中包括实验主义在内的改良主义，完全转向了对马克思主义的信仰。

驱张运动的改良主义实践及其失败

1919年8月到1920年6月，毛泽东组织领导了一场声势浩大的驱逐湖南督军张敬尧的运动，史称"驱张运动"，这是"毛泽东独当一面地发动起来的第一次有广泛社会影响的政治运动。他以小学教师的身份成为这场驱张运动的主要领导人"。[①]

驱张运动是毛泽东长期坚守的社会改良主义的一次重大实践：贯穿在这个运动中的主导思想是社会改良主义；领导这次运动的核心是学生组织和群众组织（即湖南学联和驱张代表团）；这次运动的主要参加者（即运动的依靠力量）是知识分子而非广大人民群众；这次运动的核心目的是驱逐张敬尧而非从根本上改变湖南和全国的总体情况；决定这次运动完结的根本要素是军阀之间的内讧而非驱张运动的领导力量和参加者；驱张运动的主要方式是合法的请愿活动、舆论上的批判而非武器的批判（即武装斗争和社会革命）。

正因如此，在1920年1月底的请愿失败后，毛泽东就已经开始

[①] 《毛泽东传：1893-1949》，中央文献出版社2004年版，第57页。

对驱张运动进行深刻反思，逐步放弃了长期作为思想结构主导因素的改良主义思想。在这次运动过程中猛烈学习和吸收的马克思主义理论越来越占据了他思想结构中的主导地位，其思想结构的根本性转换和科学信仰的最终确立即将到来。

（一）驱张运动及其并不完美的"完结"

1918年3月，皖系军阀张敬尧率北洋军进入湖南就任督军。在主政湖南期间，他作恶多端，引起湖南人民的强烈反对。五四运动爆发后，张敬尧又残酷镇压爱国运动，更激起了湖南人民的极大愤慨，一场声势浩大的驱张运动因此爆发。

1919年8月中旬，湖南学生联合会领导长沙群众焚烧日货，引起张敬尧的不满，他勒令军警包围湖南学联，胁迫学联停止反日爱国运动，并强行解散学联，查封学联刊物《湘江评论》。

在此情况下，毛泽东开始考虑组织领导驱张运动。9月中旬，毛泽东在商业专门学校召集原学联干部开会，商讨驱张问题。会议当即对驱张运动的事宜做了布置。[①]

经过一段时间准备，驱张运动进入实践阶段。11月16日，毛泽东组织原湖南学生联合会的骨干分子召开成立大会，重新组建湖南学联。大会发表再组宣言，指斥张敬尧一类军阀"植党营私，交相为病，如昏如醉，倒行逆施，刮削民膏，牺牲民意，草菅民命，蹂躏民权"。湖南学联成立后就成为驱张运动的领导机关，毛泽东曾多次召

[①] 《毛泽东年谱：1893—1949》，中央文献出版社、人民出版社1993年版，第50—51页。

集学联骨干和新民学会成员开会，研究驱张对策。

12月4日，毛泽东出席长沙各校教职员代表和学生代表联席会议，对驱张运动的方式方法和行动步骤做出了重要决定：继续发动全省学校总罢课、游行演说。之后，又召开紧急会议，决定组织驱张代表团，分赴北京、天津、上海、汉口、常德、衡阳、广州等地扩大驱张宣传。

12月6日，在毛泽东和湖南学联的领导下，长沙各校学生举行总罢课。湖南学联代表长沙13000名学生向全国发出"张敬尧一日不去湘，学生一日不回校"的誓言。当天，毛泽东即率驱张请愿团奔赴北京。

12月18日，湖南驱张请愿团到达北京。毛泽东作为请愿团的团长，主持驱张运动，北京于是成为当时驱张运动的大本营。之后，毛泽东等撰写了大量文稿、请愿书、通讯稿和信件，组织了多次请愿、上书活动，揭露张敬尧的种种罪行，要求把张敬尧驱逐出湖南。此举把驱张运动推向高潮，产生了全国性的影响。

12月22日，为揭露张敬尧的罪恶和宣传驱张运动，毛泽东同张百龄、罗宗翰等专门组织成立了平民通信社，毛泽东担任社长。通信社每日发稿分送北京、天津、上海、武汉等地的报社，将张敬尧反动统治的种种罪恶以及各地驱张运动的最新信息昭告天下。27日，通信社又发表了《旅京湖南学生上府院书》，列举了张敬尧的八大罪状，"恳请撤办湘督张敬尧"。28日，毛泽东等组织上千人参加的湖南旅京各界公民大会，讨论驱张办法，大会要求与会的湘籍议员签字担保驱张，议决通电全国宣布张敬尧罪状并由国民公判等五项决议。

12月27日，平民通信社印发由毛泽东起草的呈文《湘人力争矿厂抵押呈总统府、国务院及外、财、农商三部文》，揭发张敬尧的爪牙、湖南政务厅长张荣楣串通水口山的德籍矿师，同美商以合资办理湖南白铅炼厂名义，行抵押借款之实的罪行。呈文提出要对张敬尧、张荣楣私约卖矿的行径予以严惩，要求政府："迅电张督，立将草约取销，交款退出，并撤惩张荣楣，以儆官邪而维矿政。"12月31日，毛泽东同彭璜等就张敬尧违禁运烟种之事上书国务院，揭露张敬尧到湘后大开烟禁，并劝民种烟，要求国务院"速即呈明大总统，将湖南督军张敬尧明令罢职，提交法庭依律处办，以全国法而救湘民"。此文于1920年1月6日以《湘人对张敬尧运烟种之公愤》为题在[①]《申报》发表。

1920年1月18日，因张敬尧侵吞湖南省米盐公款，毛泽东同罗宗翰、彭璜等向熊希龄等社会名流及上海湖南善后协会等团体发出快邮代电，申斥张敬尧在湖南的罪行。1月19日，毛泽东等以湖南各界公民代表名义给北京政府总统、国务总理的呈文《湘人控张敬尧十大罪状》在上海《民国日报》发表。呈文历数张敬尧十大罪状，要求北京政府速将张敬尧撤任回京，依法惩办。同一天，毛泽东又同长沙各校教职员代表联名呈文总统，控诉张敬尧在湖南摧残教育事业的罪行，提出将张敬尧即予撤任，依法惩治，并将其吞没的教育经费，彻底清算，责令缴出。

1月28日，毛泽东组织领导湖南公民代表团、教职员代表团和学生代表团的代表数十人组成请愿团，向北京政府做最后一次请愿。请愿团从上午12时开始，分三路向国务院驻地进发，后又转向国务

---

① 《毛泽东早期文稿》，湖南人民出版社2008年版，第584－585页。

总理靳云鹏的私宅，毛泽东等六人被推举为交涉代表，要求同靳云鹏见面，递交请愿书。靳云鹏不敢出面，于是托词由副官代为接收请愿书、接见六位代表。收到请愿书后，靳云鹏承诺"明日国务会议将湖南问题提出"，下星期四学生代表再来候信。在得到靳云鹏的承诺后，请愿团在晚上7点离去。但是，2月5日，当毛泽东等湖南代表依约到靳云鹏住宅请愿候信时，这一带早有兵警设防，代表们已不得通过了。

至此，驱张代表的请愿活动失败。

显然，靠合法请愿的方式来推翻反动军阀的统治是不可能的。

请愿活动失败后，毛泽东的热情已经急遽下降，兴趣已经转移到对马克思主义著作的大量阅读方面。当然，他仍然在继续领导驱张运动。

直到1920年4月上旬，驱张运动才出现转机。当时直系军阀和张敬尧所属的皖系军阀利害冲突日趋激烈，为打击对手，直系军阀吴佩孚通电全国，控告张敬尧搜刮政策，由于直系军阀的推动，张敬尧四面楚歌。驱张代表团于是决定派大部分代表分赴武汉、上海等地驱张。在各方压力下，6月11日当晚，张敬尧出走，几日后长沙被湘军掌控。

至此，驱张运动结束。

但是，面对张敬尧离开的结果，毛泽东没有表示出兴奋和乐观，反倒发出了无奈和忧患的感叹：湖南人以消极的形式驱逐张敬尧的运动总算完结了，而我们则没有什么可以高兴和乐观的。这个运动并不是什么胜利，而只是"完结"，而且是一个并不完美的完结。因为，运动的结果仅仅是驱逐了一个张敬尧，而没有推翻产生张敬尧式反动军阀的社会制度；尤其是，张敬尧被驱逐出湖南的直接原因，并不是毛泽东等领导的驱张运动，而是军阀混战的结果。

（二）一场改良主义的社会政治实践

从驱张运动的主要目标、领导力量、运动主体、依靠力量、斗争形式等方面来看，驱张运动从根本上说是毛泽东所领导的一场社会改良主义的实践，是他的改良主义思想在实践上的一次检验。正是通过这次检验，毛泽东认清并逐步放弃了曾情有独钟并长期坚守的改良主义思想。下面，本书将就目标、主体力量、斗争形式三方面对驱张运动进行分析。

首先，关于驱张运动的目标。

1919年12月6日，驱张运动正式开始之际，湖南学联向全国发出的口号是"张敬尧一日不去湘，学生一日不回校"，也就是说，张敬尧"去湘"是驱张运动的直接目标；1919年12月24日，毛泽东率请愿团到京后发表《湖南请愿团到京后之活动》，向政府提出的要求是对张敬尧"速即撤任"；1920年1月19日，《民国日报》发表毛泽东等给北京政府总统、国务总理的呈文，其中提出的要求是将张敬尧撤任回京，依法惩办；1月28日，在驱张代表团在京最后一次请愿中，毛泽东向国务总理靳云鹏递交的请愿书中提出的要求是"将张督明令撤任，另简贤能接充"……这些印证了驱张运动的目标就是通过中央政府罢免张敬尧，把张敬尧驱逐出湖南，更换一个新的地方领导人，或者说迫使政府再派一个比张敬尧好一点儿的军阀来统治湖南。

1920年11月，驱张运动已经过去半年多时间，毛泽东在反思这次运动时，曾直言不讳地说："驱张运动只是简单的反抗张敬尧这个太令人过意不下去的强权者",只是要"将湖南造成一个较好的环境"。①

这就表明,驱张运动的目标,并不是要彻底地改造湖南、改造中国,并不是要推翻当时中国的军阀反动统治,建立一个新型的国家,而仅仅是把张敬尧驱逐出湖南,减轻湖南人民受压迫的程度。换句话说,驱张运动开始之时,不过是一个局部性地更换某个罪大恶极的地方军阀统治者的社会改良运动,而不是一个总体性的社会革命运动。

其次,关于驱张运动的主体力量。

改良主义的一个重要特点,就是没有把最广大的人民群众作为社会运动的主体力量,而仅仅依靠少数人特别是少数知识分子和统治阶级内部力量,来谋求社会的局部性变动和点滴改良。

驱张运动从开始到结束,都体现了这个特点。

1919年9月中旬,在商专召开的酝酿驱张问题会议上,毛泽东对形势的分析和提出的对策,很能反映他当时关于驱张运动主体力量的看法:"北洋军阀内部直、皖两系内讧是驱张的大好时机,湖南学生要做驱张运动的主力。"② 根据这样的判断,毛泽东对驱张事宜做出三项具体布置:一是尽可能策动教员和新闻界人士支援学生驱张;二是指派彭璜和商专代表李凤池等去上海,联络省外驱张力量;三是积极恢复学联。

从这里可以清楚地看出:第一,毛泽东认为驱张运动的领导力量是学生,他们是运动的主力,认为学生组织性质的学生联合会是运

---

① 《毛泽东早期文稿》,湖南人民出版社2013年版,第514页。
② 《毛泽东传:1893—1949》,中央文献出版社2004年版,第57页。

动的领导机关，要积极予以恢复；第二，毛泽东把驱张运动的依靠力量，放在了教员、新闻界人士和学生身上，认为应尽可能策动这些人投身驱张运动，使之成为学生的同盟军和合作者，并且渴望通过外部声援来实现驱张运动的目的；第三，从一开始，毛泽东就渴望借助封建军阀之间的内讧，借助不同派系军阀的斗争来达到驱张目的。[①]

这都表明，在驱张运动开始时，毛泽东并没有把工人阶级和农民群众放到运动主体力量的地位上来思考，这个运动在发动之际更多的是一种小资产阶级知识分子的社会改良主义运动，而不是广大人民群众的革命性运动。

再次，关于驱张运动的斗争形式。

社会改良同社会革命的重要区别主要体现在斗争形式方面。社会革命主要是通过激烈的暴力革命，以武器批判的方式，全面推翻现存的社会制度、社会秩序和国家机器，建构新的社会制度和国家机器；社会改良则主要是在现存社会制度、社会秩序和国家机器的框架之内，通过合法的、现存统治秩序允许的方式，谋求对当下社会统治方式进行局部的、零星的改善。

从最初的准备阶段直到结束，驱张运动在斗争形式上主要是一种合法的、不触动现存社会秩序的改良主义的斗争。哪怕在1919年8月中旬，《湘江评论》被查封当晚的会议上，愤怒的毛泽东等人做出的决定仍主要是希望通过舆论和宣传的方式反对张敬尧，其斗争方式

[①] 在驱张运动期间，何叔衡、匡互生、蒋竹如等驱张代表确实向吴佩孚、谭延闿等军阀求助，请求他们出师讨伐张敬尧。诸多文稿见《蒸阳请愿录》（湖南人民出版社1979年版）。张敬尧被驱逐的主要原因，确实是军阀之间争夺的结果。

即将查封《湘江评论》的情况通告报界、要回乡学生宣传张敬尧的暴行、函达全国学联和各界联合会争取支援。

1919年12月18日，以毛泽东为团长的湖南驱张请愿团到达北京。这一期间，毛泽东对驱张运动的行动方针、斗争方式等做出了总体规划和具体部署。这些部署集中地反映在12月21日《晨报》发表的《旅京湘学生之"主张"办法》一文当中："一、呈文总统、国务院、教育部，请罢斥张敬尧。二、派代表到总统府、国务院、教育部，呈述湘事始末。三、通电军政府、各省学生联合会、各界联合会及各要人。四、搜集张敬尧罪状，逐日刊登各报。五、组织旅京湖南各界联合会。"[①] 显然，此时及随后展开的驱张运动就是通过请愿、呈文、通电、报纸发文、组织联合会这些斗争方式进行的，目的是务求把张敬尧驱逐出湖南。

上述情况表明，毛泽东在领导驱张运动的过程中，基本上是按照"温和革命""无血革命"的思想进行的，走的主要是合法请愿、罢课罢工、群众集会、舆论宣传的道路，运用的武器主要是文字，也就是说用武器的批判代替批判的武器，没有真正掀起群众性的革命斗争。综上，驱张运动总体上讲是一种社会改良主义和社会民主主义的斗争，而不是社会革命的斗争。

实践证明，这种温和的、不流血的改良主义，在积弊甚深的中国是行不通的。因此，请愿活动失败后，毛泽东开始深入学习研究马克思主义，对驱张运动进行了深刻的反思。

---

① 《新民学会资料》，人民出版社1980年版，第177页。

（三）驱张运动失败后的理论反思

如上文所述，1920年1月28日，毛泽东领导代表团向北京政府和国务总理靳云鹏的最后一次请愿以失败告终，这对毛泽东的打击非常之大。正是从这种失败中，毛泽东开始对驱张运动的主导思想、依靠力量、斗争形式、运动目的等做深层次的反思。

1920年3月12日，在驱张运动尚进行的过程中，毛泽东就致信黎锦熙，商讨湖南发展的前景问题，对驱张运动做出了一些反思，认为"这样支支节节的向老虎口里讨碎肉"，即便可以办到，也"始终没有多大的数量的"。

1920年6月14日和15日，上海《申报》《时事新报》先后发表了毛泽东和彭璜起草的《湖南改造促成会发起宣言》（下文简作《宣言》）。《宣言》及所载的《湖南建设问题条件商榷》起草于3月间，4月1日前后定稿。《宣言》起草之时，张敬尧正走向失败；发表之时，驱张运动已经结束。在这个《宣言》中，毛泽东对驱张运动的反思更加深刻，对于彻底改造湖南、改造中国的思考更加深入，已经基本上摆脱了对改良主义的纠结，逐步接受了社会革命的理论。

第一，《宣言》对于驱张运动及其改良主义性质进行了深度反思和批评。《宣言》指出，驱张运动开始以来，获得了多方面的支持和同情，经过长时间的努力斗争，张敬尧被逐出湖南已经有很大的希望。但是，面对这样的结果，人们绝不可"乐观"，以为从此便高枕无忧。因为造成湖南悲惨状况的表面原因好像是张敬尧、汤芗铭、傅良佐等军阀督军，但其深层根源却是产生这些反动军阀的罪恶制度。驱张运动只是一种"换汤不换药"的点点滴滴的改良，并没有触动产生张敬尧之流的政治制度和社会基础，因此"一张敬尧去，百张敬尧方环伺欲来"，长此以往，人民就会不胜其驱除之苦，而湖南和整个中国亦不可能实现安稳和发展。

第二，《宣言》主张从社会改良转向社会革命，明确提出要对湖南和中国进行彻底改造。《宣言》指出，面对军阀的残暴统治，面对驱张运动的教训，应该自觉起来，对湖南和中国进行根本改造，不能虎头蛇尾，要"以'去张'为第一步，以'张去如何建设'为第二步"，"欲建设一理想的湖南，唯有从'根本改造'下手"。而且，仅仅改造湖南还不够，要放眼全国，不顾一切阻碍，向前奋斗，通过积极奋斗和革命运动，推翻军阀武力统治，实现人民当家作主的"民治"，从而获得对全中国的根本改造。

第三，《宣言》在社会运动的主体力量上，高度关注人民群众的力量。要进一步推动湖南改造，特别是要实现对全中国的根本改造，就必须充分调动最广大人民群众的力量。宣言强调，实现湖南改造的有效路径，就是要动员群众，形成一种"合理的继续的群众运动"，只要湖南"三千万人涤虑洗心，向前奋进"，湖南的改造就有实现的那一天，而全国人民都起来反抗军阀统治，中国的彻底改造也是完全能够实现的。

此外，毛泽东于6月11日、18日、23日，相继发表了《湖南人再进一步》《湖南人民的自决》《湖南改造促成会复曾毅书》等文章，继续对驱张运动进行多方面反思和深刻总结。1920年7月20日，毛泽东又代表湖南学生联合会在长沙《大公报》发表《全体学生终止罢学宣言》，他在这个宣言里表示："自今以往，我们更应有彻底的觉悟，对于这种无价值的牺牲，绝对不干。要救湖南，事事须靠着自己,没再做无谓的周旋,向老虎嘴里去请愿。"①

这些文章已经不局限于对驱张运动的分析,而是上升到另一个高度,那就是从更高的层面、更宽的视野、更深的层次上,来思考整个中国的发展,谋求从根本上改造中国,这已经是一种新的思路、新的主导思想结构下的思考了。

显然,毛泽东对自己所亲身领导和全力投入的驱张运动所做的反思是深刻的,由此取得的思想进步也是巨大的。

他之所以能够做出这样的反思,取得这样的思想进步,一个极其重要的原因就在于他在领导驱张运动期间、特别是请愿活动失败后,大量阅读了《共产党宣言》等马克思主义理论著作。新理论已经开始对他产生重要影响,马克思主义关于历史发展规律的科学理论深深地征服了他,使他的思想结构正在发生重大改变,观察历史的指导理论和现实实践的行动指南正在发生深刻变化。

为着探索救国救民的革命道路和科学理论,青年毛泽东猛烈地吸收了当时的各种新思想新观点,在短时间内形成了混杂矛盾的思想结构。

但是,他并不满足也没有停留在这种混杂的思想状态,而是把各种思想投入实践当中,力求通过亲身实践来检验和判断,确定这些理论能否对社会历史做出正确解释,是否符合中国实际的需要,能否成为社会实践的理论指南。

经过对空想社会主义、新村主义、工读主义、实验主义、社会改

---
① 《毛泽东年谱:1893—1949》,中央文献出版社、人民出版社1993年版,第68页。

良主义等多种理论的亲身体验和社会实践，特别是经过"驱张运动"的实践及深刻理论反思，到 1920 年 6 月，毛泽东的思想结构和总体世界观已经发生了很大变化。在政治思想上，他虽然没有彻底放弃空想社会主义、社会改良主义思想，但已经基本摆脱了它们的影响，马克思主义理论已经初步占据了思想结构的主导地位。他思想结构的转型已经初现端倪，马克思主义理论指导下的实践即将展开。

第6章

光明初现：
初步信仰和实践马克思主义

"我自认为是一个马克思主义者"
创办文化书社，学习宣传马克思主义
创办俄罗斯研究会，研究和宣传十月革命

1920年夏天，经过对各种主义的实践检视后，青年毛泽东在思想上实现了一个重要的转型：思想中的马克思主义因素迅速上升，非马克思主义因素急遽下降，马克思主义成为思想中的主导因素，思想发展的马克思主义导向性已经明确。

毛泽东在思想发展上的一个显著特点，就是任何理论只有经过实践检验，才能最终决定其取舍。故而当他在理论上选择马克思主义之后，一个必经的环节就是在实践上验证它，看它能否指导实践，是否适合中国。由此，在1920年夏秋，毛泽东开展了一系列马克思主义的初步实践：创办文化书社，学习和宣传马克思主义；创办湖南俄罗斯研究会，研究和宣传俄国十月革命道路；组建社会主义青年团，为建立共产党做人才准备；组建共产主义小组，准备建立共产党组织。

通过这些初步的马克思主义实践，毛泽东对马克思主义的理解更加深刻，对马克思主义的信仰更加坚定。这些初步的马克思主义活动，充分体现了青年毛泽东思想转变的一个最根本的特点，那就是在实践中边学习、边体验、边总结、边转变，通过实践确立信仰，而不是先在理论上转变、再在实践上转变。这个特点同他后来所主张的在实践中学习，把马克思主义理论同中国革命的具体实践紧密结合，是完全一致的。

"我自认为是一个马克思主义者"

1919年12月到1920年7月初,离开湖南的这段时间里,毛泽东为领导驱张运动先后到过武汉、北京、上海等地,阅读了不少有关马克思主义、俄国革命的书籍,同李大钊、陈独秀、邓中夏、罗章龙、恽代英等一批中国早期马克思主义者有了进一步交流探讨,掌握了马克思主义的基本观点和理论精髓;同时也与黎锦熙、胡适、周作人、王光祈等非马克思主义的知名学者频繁交往,在马克思主义和非马克思主义思想之间进行比较鉴别;驱张运动之后,他对驱张运动的经验教训进行了深刻的理论反思,对改良主义、温和革命等主张进行了初步的思想清理。

在此基础上,他的思想结构发生了重要转型,马克思主义的因素快速上升,越来越占据其思想结构的主导性地位,非马克思主义因素急遽下降,思想越来越沿着马克思主义的方向前进,已经初步确立了马克思主义信仰。正如他本人所回忆的:

"到了一九二〇年夏天,在理论上,而且在某种程度的行动上,我已成为一个马克思主义者了,而且从此我也认为自己是一个马克思主义者了。"①

（一）"热烈地寻找"和研读马克思主义著作

1919年12月，毛泽东第二次来到北京，在领导组织驱张运动的紧张工作之余，他热心地搜寻当时所能够找到的为数不多的马克思主义书籍译本，如饥似渴地学习、深入研究马克思主义的基本观点，越来越多地受到马克思主义理论和俄国革命历史的影响，对马克思主义学说的理论兴趣不断增加，初步掌握了马克思列宁主义的理论精髓，对社会历史的发展有了比较正确的理解。

毛泽东此次来京前后，马克思主义一些经典著作的译文已陆续在报刊上发表：

1919年4月6日，《每周评论》第16号发表了《共产党宣言》第二章的部分译文，特别是全文翻译了"十项纲领"，突出介绍了马克思主义关于阶级斗争的学说；从1919年5月开始，在李大钊的主持下，《晨报》副刊开辟了"马克思研究"专栏，发表了大量介绍马克思主义的著作，并刊载了一些马克思原著的译文（如《共产党宣言》第一章和《〈政治经济学批判〉序言》中有关历史唯物主义的论述、马克思《雇佣劳动与资本》的全译文，以及考茨基的《马克思的经济学说》）；同年，《新青年》第六卷第五号刊发了李大钊的《我的马克思主义观》。

关于毛泽东阅读马克思主义著作的情形，黎锦熙在回忆中谈得比

---

① 〔美〕埃德加·斯诺著，董乐山译：《红星照耀中国》，人民文学出版社2016年版，第147页。

较详细。据其回忆，1920年1月4日下午，他到北长街九十九号福佑寺平民通信社和毛泽东会面时，在毛泽东工作的香案上便看到一本《共产党宣言》，还有一堆关于社会主义的新书刊。

据毛泽东好友罗章龙回忆：毛泽东第二次来北京的时候，他们有一个庞大的翻译组，大量翻译外文书籍，《共产党宣言》就是其中一本；《共产党宣言》不长，全文都翻译了，是按照德文版翻译的，他们还自己誊写、油印，当时没有铅印稿，只是油印稿……

尤其重要的是，毛泽东当时研读马克思主义的著作、学习马克思主义的基本理论，并不是一种学术性的研究，而是紧密结合他正在从事的社会政治实践来研究的。他对马克思主义的追求不是局限于把握学术性观点，而是要寻找一种行动指南。正因如此，他能够特别敏锐地发现马克思主义理论体系中，与中国实际密切相关、能够同具体实际结合的理论精髓，并迅速地把这些理论精髓运用到正在从事的实践当中。后来，毛泽东在回顾1920年阅读马克思主义基本著作时表示，他看了《共产党宣言》，知道了阶级斗争是社会发展的原动力，初步得到认识问题的方法论，从此就树立了阶级斗争的观念。

（二）在思想交流中深化对马克思主义的理解

毛泽东向马克思主义的思想转变，除了得益于阅读马克思主义基本著作，还同广泛的思想交流分不开。他不仅同已经接受马克思主义的学者交流，获得思想的启发和滋养，同时也同一些非马克思主义学者进行交往，在思想碰撞、比较鉴别中更加深刻地体会马克思主义的科学真理性。

当时，他主要的思想交流对象有以下几类。

同中国早期马克思主义者的交流，使他得到多方面的指引和启发，其中以南陈北李的影响为最。在京期间，李大钊的指导对他加深对马克思主义的理解、加快向马克思主义的转变，起到了非常重要的推动作用。1949年全国革命胜利前夕，毛泽东在西柏坡谈到李大钊时还感慨地说："在他的帮助下，我才成为一个马列主义者。"[1] 离京赴沪以后，毛泽东又同陈独秀讨论了马克思主义问题，陈独秀对他的影响也非常大，对他确立马克思主义信仰起着关键性的作用。

同邓中夏、罗章龙等早期马克思主义青年学者之间的交流，使他得到很多思想帮助。当时马克思主义在中国传播时间尚短，市面上的中译马克思主义著作不多，而毛泽东此时阅读的马克思主义著作，有很多就是从他们那里得到的。当时，同毛泽东交往甚密的邓中夏、罗章龙、何孟雄等，在李大钊的指导下创立了"亢慕义斋"（即共产主义小室），搜集了较多的马克思主义基本著作，并着手把这些著作翻译成中文。毛泽东来到北京后，刘仁静翻译的《共产党宣言》已经油印出来。毛泽东从罗章龙那里拿来学习研究的正是这个油印本。

同留法勤工俭学的新民学会会员之间的交流，是他学习马克思主义的重要渠道，特别是同蔡和森之间的交流，促进了他向马克思主义的转变。从湖南省立第一师范毕业后，虽然毛泽东本人未赴异国留学，但新民学会会员中赴海外留学者颇多，他们和毛泽东保持着书信往来，不时向毛泽东介绍国外的情况。其中对毛泽东影响较大的当属和他同为湘江三友的蔡和森和萧子升。1920年5月28日，蔡和森致信毛泽东，向毛泽东介绍欧洲社会主义运动、社会主义理论与社会民

---

[1] 高菊村等：《青年毛泽东》，中央文献出版社2008年版，第186页。

主主义、欧洲社会民主党等的情况，对毛泽东进一步研究马克思主义、确立马克思主义信仰有很大激励作用。而萧子升在1920年3月25日给毛泽东的信中也谈到渴望"远走一步""长驱入俄"求学的想法。当然，萧子升后来并没有到俄国留学，也没有接受马克思列宁主义，而是走向了另一个思想方向，在社会改良主义的道路上越走越远，但是，他当时的这封信对毛泽东应该也是很有启发的。

除了同马克思主义学者以及新民学会会员之间的频繁交流外，毛泽东还同胡适、周作人、王光祈等一些非马克思主义学者进行了多方面的交流。在同这些学者的交流中，他更加深入地了解了实验主义、新村主义、工读主义、无政府主义、空想社会主义、改良主义等思想的实质和不足，并在比较鉴别中，进一步认识到马克思主义理论同它们之间的本质区别，更加坚信马克思主义的科学真理性。

（三）在总结斗争经验中逐步实现思想转向

在五四运动之后，以及在领导驱张运动的过程中，毛泽东以极大的热情进行了多种主义的规划设计和亲身实践，空想社会主义、无政府主义、实验主义、新村主义、工读主义等，都被他放到实践当中进行验证。

实践的结果告诉他，这些主义或者缺乏理论合理性，或者缺乏现实适用性，都不可能在现实实践中得到运用，不能成为指导他实现救国救民理想的行动指南。为此，他逐步从思想结构中对它们进行了不同程度的清理和重新评价。

尤其是他花费了巨大精力和热情领导的驱张运动。虽然从结果上说，张敬尧最后因军阀之间的斗争而被驱离湖南，但是合法请愿失败的事实无情地告诉毛泽东，他用以指导这次行动的温和革命的社会改良主义思想在实践中是行不通的。这就使得他不得不冷静地对自己长期坚持的改良主义进行深刻反思，乃至在认识到其局限性之后，对其进行比较深刻的清算。

驱张运动结束之际，在毛泽东深刻反思的过程中，旧的理论被破除，新的主义被确立，旧的信念遭清算，新的信仰得建立，旧的主导性思想要素被移除，新的主导性思想要素被引入。这是一次思想结构的重大转型，是思想方向的深刻转变。

具体来说：

在主义问题上，他放弃了先前信奉的改良主义、实验主义、新村主义、工读主义、无政府主义等。马克思主义基本上战胜了各种理论和主义，成为其思想结构中的主导性因素，决定和引导着他思想发展的方向。

在奋斗目标问题上，他对点滴改良、局部环境改善等日益不满，开始追求实现总体性的、彻底革命式的根本改造。

在根本道路和方式方法问题上，他对无血革命、呼声革命、和平请愿等斗争方式的看法发生了重大转变，力求从俄国革命的经验中寻找新的革命道路和斗争方式。

在革命力量上，他逐步认清了天下军阀同质同类，根本不可依靠，意识到必须发动人民群众才能取得成功。

在领导力量上，他已经认清了单是依靠知识分子团体、民间组织是不行的，必须建立新的政治组织。

由此，他在思想上越来越集中到马克思主义上面，把马克思主义理论置于思想结构的主导地位，引领自己思想发展的方向，初步确立了对马克思主义的理论信仰。

  但是,这一切都是理论层面上的。毛泽东在理论研究和思想发展上最显著的特点,就是任何理论只有经过实践的检验,才能最终决定其取舍。由此,毛泽东亲身从事的马克思主义初步实践开始了。

创办文化书社，学习宣传马克思主义

在 1920 年下半年，毛泽东开展的第一个马克思主义活动，就是创办文化书社，深化对马克思主义理论的学习把握，大力宣传马克思主义理论，开展马克思主义大众化的初步实践，壮大马克思主义的群众基础。这是他把初步确立的马克思主义信仰，初步建立的马克思主义导向的思想结构，转化为马克思主义实践的第一个尝试。正是在这个活动的不断发展中，毛泽东的思想转变进一步完成，对马克思主义的信仰更加坚定。

（一）努力传播俄罗斯的"新文化"

毛泽东创办文化书社之前，在思想上和经验上都是经过认真准备的。

创办文化书社从一开始就不是要办一个一般性的文化书店，而是要建立一个具有明确思想导向、传播马克思主义和十月革命新思想的阵地，一个集结同志、汇聚力量的机构。

创办文化书社首先就是要在湖南传播新文化、新思想。毛泽东觉得，当时的中国积弊深厚，思想被禁锢，湖南乃至全国都缺乏真正的新思想和新文化，因此宣传新思想、新文化，是当时中国先进知识分子的重要责任。毛泽东和同仁们成立文化书社，就是要勇敢地承担起这份责任，在湖南乃至全国传播新文化、新思想。

正如毛泽东所说："没有新文化由于没有新思想，没有新思想由于没有新研究，没有新研究由于没有新材料。湖南人现在脑子饥荒实在过于肚子饥荒，青年人尤其嗷嗷待哺。"为此，文化书社的基本宗旨，就是要以最迅速、最简便的方法，介绍中外各种最新书报杂志，以促进新思想、新文化的产生。1920年8月25日，毛泽东于发表在湖南《大公报》上的《文化书社组织大纲》一文中再次明确提出了文化书社的主要工作，即"以运销中外各种有价值之书报杂志为主旨。书报杂志发售，务期便宜、迅速，庶使各种有价值之新出版物，广布全省，人人有阅读之机会"。①

今天的读者或许好奇，新文化、新思想是什么？毛泽东在《发起文化书社》中说得很清楚，从根本上说，由于当时全中国都缺乏真正的新思想和新文化，故而文化书社所要传播的新思想、新文化，必须放眼世界，必须去发掘最先进的、最有生命力的思想文化，即便这种新思想、新文化尚处于幼小的阶段。所以，毛泽东以浪漫的笔触写道："一枝新文化小花，发现在北冰洋岸的俄罗斯。"显然，此时已经大量地阅读了俄国革命后的新思想、新文化的他，已经清楚地认识到，真正的新文化就存在于列宁领导下的新生的社会主义俄国，这枝出现在俄国的新文化的小花，是新文化的代表、方向、核心。

俄国的新思想、新文化，就是马克思列宁主义的新思想，就是社

---

① 《新民学会资料》，人民出版社1980年版，第252页。

会主义的新文化。当毛泽东热情地讴歌这枝新文化小花时，俄国十月革命尚不足3年，这个国家还在进行艰苦的战争，新生的社会主义制度及其文化还受到各方面的围攻，其前途命运还不明朗。但即便在这种情况下，毛泽东还是透过表面现象，看到了俄国社会主义新思想、新文化强大的生命力，把十月革命后的俄国社会主义文化看作具有远大前途的新生事物，看作引领世界新文化发展的方向，看作中国新文化发展的方向，并果断地决定，文化书社所要传播的新思想、新文化，就是马克思列宁主义，就是科学社会主义理论。这反映了他当时世界观选择的方向已经转向了马克思列宁主义，转向了俄国所代表的科学社会主义的方向。

（二）重点经营各种进步共产主义刊物

文化书社成立后，毛泽东负责开辟书社的各方渠道，他投入了很大精力将文化书社同当时知名的文化机构和文化界人士联系起来。据1920年10月文化书社的第一次营业报告显示，仅仅一个月的时间，文化书社就同泰东图书局、亚东图书馆、中华书局、群益书社、时事新报馆、新青年社、北京大学出版部、晨报社、利群书社等十一处出版机构建立了业务联系，这些机构在当时的出版界无论规模还是影响力都是第一线的，他还得到了李石岑、左舜生、陈独秀、李大钊、恽代英等名流的担保，让资金有限的文化书社得以免去押金。

和众多出版机构及社会名流打好关系后，文化书社的进货渠道变得畅通无阻。在此基础上，毛泽东等人是怎样经营文化书社的呢？从文化书社所销售的书刊名录中就看得非常清楚——他们大量引进宣传马克思列宁主义和俄国革命的书刊杂志，着力把书社办成学习和宣传马克思主义理论的重要平台。

1920年10月22日,毛泽东、易礼容、彭璜向文化书社第一次议事会递交了《文化书社第一次营业报告》,该报告于11月6、10、11日在湖南《通俗报》发表。报告介绍了文化书社开办一个多月以来的营业情况,列举了书社营销的主要书目情况。

据报告统计,文化书社在销书刊共二百一十二种,其中宣传马克思主义思想的《新青年》八卷一号和二号分别销售165份和155份,《新生活》三十九号、四十号共销售300份,《劳动界》一号到九号共销售1170份,都居于销售量的前列。在销售的书籍中,《新俄国之研究》《劳农政府与中国》等位居前列。可见,文化书社在宣传马克思主义思想方面,做出了很大努力和贡献。

11月8日,文化书社在长沙《大公报》刊登了题为《文化书社通告好学诸君》的广告,在介绍文化书社经销的重要图书时,列举了《马格斯资本论入门》《社会主义史》《旅俄六周见闻记》《科学方法论》《科学的社会主义》《革命心理》《孙文学说》《新俄国之研究》《劳农政府与中国》以及《罗素政治理想》《罗素社会改造原理》《达尔文物种原始》《杜威五大讲演》等。在介绍重要杂志时,列举了《新青年》《新教育》《新潮》《少年中国》《新生活》《劳动界》《劳动者》《劳动潮》。在介绍重要报纸时,列举了《时事新报》《晨报》。[①]从这些介绍中可以看出,文化书社把马克思主义等新思想作为宣传重点,已经成为当时中国传播马克思主义思想的重要基地之一。

---

① 本段参考1920年11月10日《湖南通俗报》,其中外国人名译法保持报上原貌,或与今译有差;本段《劳动潮》应为《劳动音》之误。下两段亦有类似情况。

1921年5月刊出的《文化书社销书目录》中，马克思主义方面的报刊和书籍更占主要成分。书籍类的有晨报丛书、新青年丛书、共学社丛书、新文化丛书等系列丛书，其中包括陈望道翻译的《共产党宣言》、恽代英翻译的《阶级斗争》、李季翻译的《社会主义史》、陈溥贤翻译的《马克思经济学说》、王岫庐翻译的《科学的社会主义》、杜师业翻译的《革命心理》、陈石孚翻译的《经济史观》、邵飘萍的《新俄国之研究》、李汉俊翻译的《马格斯资本论入门》、张幂飞的《劳农政府与中国》等。杂志类的主要有《新青年》《改造》《少年中国》《劳动界》《星期日》等，这些都是当时具有马克思主义思想的先进知识分子创办的刊物。

在第二期社务报告所列举的书目中，销量上，《马格斯资本论入门》《社会主义史》《新俄国之研究》《劳农政府与中国》等排在前面；刊物中，《新青年》《劳动界》《新生活》《少年中国》等马克思主义刊物，销售量是最大的。

对于文化书社，毛泽东的同学、新民学会的主要成员萧三曾经回忆道：

"在长沙他（毛泽东）曾和一些同志组织了一个'文化书社'——一个研究新文化和民主政治的组织，他吸引了某些名流参加这种事业。'文化书社'在传播新文化书报杂志的工作上有过很大的成绩。在'文化书社'里售卖各种进步的，共产主义的刊物。"[1]

---

[1] 萧三：《毛泽东的青少年时代和初期革命活动》，载刘统编注：《早期毛泽东：传记、史料与回忆》，生活·读书·新知三联书店2011年版，第94—95页。

（三）"宣传马克思主义的一个重要阵地"

毛泽东等创办文化书社及其分社，目的就是要扩大新思想、新文化宣传，促使以马克思列宁主义为代表的先进文化迅速扩展，促进人们的思想进步。想要达成这一目的，一方面需要在销售的书刊上进行严格把关，只销售那些能使人思想进步的书刊；另一方面，就要尽可能地扩大书社的影响，以开办分社等手段，使承载着新思想的书刊传播到湖南全省。为此，在第二期文化书社社务报告中，毛泽东对于开办分社的事情更加强调。

正是在毛泽东等人的不懈努力下，文化书社开办分社的业务得到了快速顺利的发展。至1921年3月底，文化书社已在平江、浏西、武冈、宝庆（今湖南邵阳）、衡阳、宁乡、溆浦七县设有分社；在长沙城中的湖南省立第一师范、湖南省立第一师范附小、楚怡小学、修业学校等设有贩卖部。

文化书社及其分社的开办和顺利发展，极大地促进了新思想、新文化，尤其是马克思列宁主义理论及俄国革命情况的传播。根据第二期文化书社的社务报告，文化书社开办以来至1921年3月，书社里的书刊总是"供不应求"。总体上说，文化书社开办不久就不仅把新思想传播到知识分子当中，而且也极大地影响了广大的劳动群众，尤其是带有马克思主义色彩的小册子更是为广大劳动群众所接受。

回顾文化书社昔年的景况，一些直接或间接的当事人，后来站在历史的角度，对文化书社在宣传马克思主义方面的贡献，给予了充分肯定。

新民学会的重要成员、毛泽东的挚友周世钊在后来的回忆中，把文化书社称为"湖南人民的精神粮站",认为"它的创设和发展,是湖南人民文化生活和政治生活上一件大事。它对于在湖南境内广泛地传播马克思主义思想和推动新文化运动,起了极其重大的作用"。①

党和国家在统一战线和民族工作方面的著名理论家和卓越领导人李维汉指出,毛泽东回到湖南,以很大的精力学习和宣传马克思主义,传播新思想、新文化。当时毛泽东在湖南所做的影响最大、与建团建党工作关系最密切的要数创办文化书社这件事。他认为,书社"是宣传新思想新文化,宣传马克思主义的一个重要阵地"。②

以上情况再次印证了本节之初的观点:从主观意图和行为动机上看,文化书社从一开始就不是一个一般性的文化书店,而是有着明确方向的传播马克思主义新思想的载体和平台;从经营范围和营销的主要书目上看,文化书社虽然也销售一些介绍非马克思主义新思想、新文化的书刊,但其销售书目的主体是介绍马克思主义的、介绍俄国新文化的书籍,包括马克思主义的经典著作或者它的介绍性书籍,以及当时国内外宣传马克思主义的报刊;从经营的结果和影响的范围来看,文化书社在除长沙外的7个地市开办了分社,大量宣传了马克思主义的基本思想,介绍了俄国革命和新政权建设的主要实践,给湖南的知识界带来了新鲜的马克思主义思想,影响了一大批湖南青年,使他们走上了马克思主义的道路。

---

① 《新民学会资料》,人民出版社1980年版,第427、430页。
② 《新民学会资料》,人民出版社1980年版,第470页。

创办俄罗斯研究会，研究和宣传十月革命

在创办文化书社的同时，毛泽东又同何叔衡、彭璜等一起，联络了长沙的进步知识分子姜济寰、易培基、方维夏等共同创办了俄罗斯研究会，深入研究俄国十月革命的成功经验，宣传新生的苏维埃社会主义共和国的伟大实践，在广大青年学生、知识分子和人民群众中扩大俄国十月革命和社会主义建设的影响，并把一些优秀青年送到俄国留学深造，为中国革命的未来发展培育人才。

俄罗斯研究会的创建，也是毛泽东在初步实现思想转变后，所进行的马克思主义实践的重要组成部分。在这项实践中，他对十月革命的认识和理解更加深入，对中国革命道路和方式方法的选择也越来越清楚了。

（一）"俄国是世界第一个文明国"

在创办俄罗斯研究会之前，毛泽东已经对俄国有比较多的了解和研究，已经开始有走俄国革命道路的倾向。但是，在最终做出选择之前，他需要进一步深入探讨俄国革命的发展历程和成功经验，并在实

践中检视这些经验在中国的适用性,以及中国建设像俄国那样的社会主义的可能性。

这里,我们可以简单梳理一下毛泽东研究俄国革命胜利成功经验的过程。

1917年,俄国十月革命的消息在中国报道之后,身为师范生的毛泽东很快就产生了浓厚的兴趣,并和同学们进行热烈讨论。1918年,第一次到北京期间,他对俄国革命的来龙去脉、历史发展、重大意义及其对中国的启发等,都有了比较深刻的印象。他还认真阅读了《庶民的胜利》《布尔什维主义的胜利》等文章,从理论上对俄国革命的实质和意义有了较多了解,从俄国革命中看到了中国发展的前景。从北京回到湖南以后,在《湘江评论》时期,他多次谈到俄国革命及其带来的效应,赞颂俄国革命。

随着对俄国革命的逐步了解,中国先进思想界对十月革命以及俄国苏维埃政权建设的宣传逐渐加大、了解逐渐深入,翻译出版了大量相关著作:1919年9月,《解放与改造》发表了《列宁、托洛茨基及其原则的实现》一文以及列宁的《俄国政党与无产阶级的任务》;1920年之后,列宁的《民族自决》《过渡时代的经济》《俄罗斯的新问题》等开始在中国刊物上流行,在1919年9月至1922年初之间,中国先后出版了列宁的十一部著作。这些情况为毛泽东进一步了解俄国革命的成功经验和基本理论提供了有利条件。

1919年冬,第二次到北京期间,驱张运动的受挫让毛泽东对零星改良、合法请愿感到失望,渴望寻找新的出路。于是,他开始大量搜集关于俄国情况的资料,读了许多关于俄国的书籍,对于俄国新政府的运行和发展,有了更加深入的理解,开始把俄国道路看作一个可能性选择。为此,他需要对俄国的情况做进一步的、更加深入的了解和研究,一度产生了赴俄留学的想法。

1920年2月,在给好友陶毅(女,字斯咏)的信中,他提出了自己留学俄国的想法,表明有意组织一个留俄队,到俄国勤工俭学。并提到,关于留俄的事情,他正和李大钊商量,为此,"脑子里装满了愉快和希望"①。在3月14日给周世钊的信中,他对俄国革命和新政府建设高度评价,并再次谈到组织留俄队的事情:"我觉得俄国是世界第一个文明国。我想两三年后,我们要组织一个游俄队。"②6月7日,在给黎锦熙的信中,他再次谈到留学俄国的事情,说自己决定去俄国留学。

毛泽东赴俄留学的热情是不难理解的:他很早就抱有强烈的爱国情怀,有意探寻救国救民的道路,在多次尝试改良主义失败后,开始寻找新的道路是应有之义;而十月革命提供的恰是一条在同中国有很大相似性的国家获得胜利的道路,这对毛泽东来说,无疑具有极其强烈的吸引力。

由此,更加深入仔细地研究俄国革命胜利的成功经验和新政府的实践状况,也就成为毛泽东思想发展的必然趋势。成立俄罗斯研究会,就是他把个人思想发展进程转化为组织化、集体性实践的重要步骤。

(二) "以研究俄罗斯一切事情为宗旨"

1920年8月22日下午,毛泽东同姜济寰、易培基、方维夏、何

---

① 《新民学会资料》,人民出版社1980年版,第61-62页。
② 《新民学会资料》,人民出版社1980年版,第65页。

叔衡、彭璜等十余人在长沙县知事公署，召开俄罗斯研究会成立筹备会议，易培基担任会议主席。会议指出，十月革命后，新生的俄国社会主义苏维埃政府，给中国发来电文，表示要废除沙皇政府同中国签订的一切不平等条约，表达了俄国政府同世界上被压迫国家和民族亲善之举。在此情况下，中国人应该认真研究俄罗斯新政府的详细情况——"俄国事情急待研究"。具体而言，成立俄罗斯研究会，就是要研究俄国的指导思想及其实行的各种新政，等等。

会上，何叔衡代表筹备会宣读了俄罗斯研究会的简章，其主要内容是：

（一）本会以研究俄罗斯一切事情为宗旨，有三人以上之介绍，得为本会会员。（二）本会会务。1. 研究有得后，发行俄罗斯丛刊；2. 派人赴俄实地调查；3. 提倡留俄勤工俭学。（三）本会会费由会员自由捐助。（四）会内设书记庶务干事各一人。

会议推举姜济寰为总务干事，指定何叔衡、毛泽东、彭璜、包道平为发起俄罗斯研究会的筹备员，进行筹备建立俄罗斯研究会的工作。[①]

1920年9月15日，俄罗斯研究会在文化书社召开成立大会。

在研究会的组织方面，大会决定姜济寰担任总务干事，毛泽东担任书记干事主持记录和文书事务，彭璜担任会计干事并驻会接洽；在研究会的活动方式和研究方法方面，除了会员个人进行研究外，每个

[①] 对于这次会议，1920年8月22日的长沙《大公报》以《组织俄罗斯研究会》为题发布了简短消息，23日又以《俄罗斯研究会成立》为题做了详细报道。《新民学会资料》，人民出版社1980年版，第353—355页。

星期六下午在文化书社举行集体讨论会；在研究成果的发布方面，大会决定发行俄罗斯丛刊，发表会员个人和集体研究的成果；在推动赴俄勤工俭学方面，大会决定派代表到北京与俄罗斯代表接洽，在长沙船山学社办俄文班，教授有意赴俄学习的青年。

这些资料表明，毛泽东等创建俄罗斯研究会的目的，就是要深入研究俄国十月革命的成功经验，广泛介绍新生的俄国社会主义苏维埃政府在政治、经济、文化、外交等方面的有关内容，全面宣传俄国社会主义建设的生动实践。

在创办和领导研究会的过程中，毛泽东大量搜集、阅读有关十月革命和俄国社会主义建设的书刊资料，并结合正在领导的湖南人民自治运动和建立共产党的实践，发表了一系列文章，分析了十月革命胜利的伟大意义和成功经验，宣传了俄国工农民主政权建设的重大成就，进一步深化了对俄国革命道路的认识。在中国革命道路选择方面，他越来越倾向于选择俄国革命的道路。

除了进行深入研究之外，毛泽东还把《共产党》上刊载的《俄国共产党的历史》《列宁的历史》《劳农制度研究》等一些介绍宣传俄国革命和建设情况的重要文章，推荐到长沙《大公报》发表，推动广大青年学习了解俄国情况。

（三）推动湖南青年"到俄国去"

毛泽东组织和领导创办俄罗斯研究会，不仅是自己要在理论上更加深入地研究俄国革命经验，在实践上进一步验证俄国道路，以对适合中国实际的革命道路做出探索和选择，同时也是广泛宣传和推广十月革命经验，教育和培养广大青年，为深入进行新的革命实践积累人才的重要实践。

在发起俄罗斯研究会之际,毛泽东就把推动湖南青年学习俄罗斯、赴俄国勤工俭学作为研究会的重要工作之一。在俄罗斯研究会成立后,这一初衷也得到了切实的贯彻,这一点通过对研究会会务的内容进行分析即可得证:研究会会务的三项主要内容中,第一项就是理论研究和宣传方面的内容,即发行俄罗斯丛刊;第二项和第三项则是派人到俄罗斯考察和勤工俭学的内容,即派人赴俄实地调查和提倡留俄勤工俭学。

在毛泽东和俄罗斯研究会的推动和帮助下,湖南一批有志青年纷纷到俄国留学,迅速接受马克思主义理论,选择走俄国十月革命道路。据统计,研究会先后介绍了16名有志青年赴俄留学,虽然人数不多,但其中有很多人很快就成为中国新民主主义革命的重要领导人和优秀干部。刘少奇、任弼时、萧劲光等就是其中杰出的代表。

刘少奇最初的愿望是赴法勤工俭学,1920年6月,22岁的他已在育德中学留法高等工艺预备班完成了留学准备,但因为筹措不到去法国的费用,只好于8月返回长沙。此时,恰逢毛泽东等正在长沙组织俄罗斯研究会。刘少奇听说可以通过俄罗斯研究会介绍到苏俄学习,于是萌发了留俄的想法。经过重重波折,10月,经贺民范介绍,刘少奇加入中国社会主义青年团,并由俄罗斯研究会介绍去上海外国语学社留俄预备班学习,从此走上了革命道路。

任弼时和萧劲光也是经俄罗斯研究会介绍到上海外国语学社留俄预备班学习,然后被派往俄国学习的。

1950年,在追思任弼时的文章《悼弼时》中,萧劲光有过生动的回忆:"有一天,弼时从街上回来,样子极高兴,一进门就对我说：'有办法了！'我问什么办法，回答是'到俄国去！'，'到俄国去！'这在当时对我们是一个多么大的激动！对于俄国，我们知道得并不多，那里是彻底推翻了旧社会建立了新社会么！这个'彻底推翻旧社会'的'彻底'，对于当时像我们那样对帝国主义和卖国政府充满仇恨的青年，乃是全部革命意义的集中表现。弼时毫不迟疑地下定了决心。经过毛主席所领导的革命组织的介绍，我们一同到达上海去学俄文。就在这个时候，弼时同志和我一同参加了社会主义青年团。"

1979年11月，萧劲光在回忆旅俄支部活动情况时说得更明确：

"1920年暑假，我和周昭秋、任弼时、胡士廉、任岳、陈启沃共六人，通过长沙俄罗斯研究会的介绍，由长沙坐船去上海。那时，我们参加俄罗斯研究会不久，毛泽东同志是俄罗斯研究会的书记干事。我们是通过在船山中学学习的任岳，找到船山中学校长贺明范的关系加入俄罗斯研究会的，后来也是通过他办手续去上海的。"[1]

就是这样，刘少奇、任弼时、萧劲光等，经俄罗斯研究会的介绍到上海学习。1921年夏初，由上海外国语学社负责人杨明斋介绍，他们一行十几人从上海出发到俄国留学。

显然，这一批湖南青年得以赴俄留学并最后成为中国革命的领袖人物和优秀骨干，同毛泽东在长沙从事的早期马克思主义活动是分不开的，这些青年后来也大都成为毛泽东的亲密同志和得力助手。

---

[1] 《萧劲光回忆旅俄支部前后的一些情况》，中国社会科学院现代史研究室、中国革命博物馆党史研究室选编：《"一大"前后》（三），人民出版社1984年版，第112页。

第7章

乍暖还寒：
自治运动过程中的思想及其缺陷

湖南自治运动：将工人第一次政治地组织起来
马克思主义应用于政治实践的初次尝试
初步总结并借鉴十月革命经验

在初步确立马克思主义世界观，在理论上树立马克思主义信仰，开展早期马克思主义实践的同时，毛泽东组织领导了一场声势浩大的湖南人民自治运动。

这个运动，从一开始就是自觉地、主动地改造湖南和中国的运动，而非驱张运动开始时那种自发的、被迫的、局部性的运动。在整个运动中，毛泽东都贯穿着马克思主义的理论指导和对俄国十月革命经验的借鉴。因此，这个运动也是毛泽东早期马克思主义实践的组成部分。

领导湖南人民自治运动的时期正是毛泽东思想结构转换的关键时期。他虽然已经基本确立了马克思主义信仰，开始用马克思主义、俄国革命经验来分析中国现实问题，但其思想中的社会改良主义、无政府主义等非马克思主义因素还没有得到彻底清算，对走十月革命道路还有些犹豫不决，对封建军阀仍抱有一定幻想，还期望通过和平的、不流血的、来自上层的改良来实现目的。这些思想对自治运动的基本性质、发展方向、方式方法都产生了重要影响，使这次运动内在地存在两面性的特点，成为这个运动最终受挫的重要原因。

当然，此时马克思主义因素占据了主导因素的地位，社会改良主义等非马克思主义思想已经处于次要地位，两者间的矛盾是彻底转变前夕毛泽东思想结构中的基本矛盾，这个矛盾将会在不久展开的思想清算中得到解决。

湖南自治运动：将工人第一次政治地组织起来

1936年，毛泽东在接受斯诺采访时说：

"1920年冬，我第一次将工人政治地组织起来，并开始在马克思主义理论及苏联革命史的影响下领导他们。"①

这次"将工人第一次政治地组织起来"的活动，就是他所领导的湖南人民自治运动。这次政治运动实践在青年毛泽东的思想发展中，是一个具有标志性意义的重大事件。

（一）驱张运动后谋求"湘事湘人自治"

1920年6月，张敬尧被赶出湖南。驱张运动结束之后，湖南的局势向什么方向发展，成为包括毛泽东在内的一批湖南有识之士思考的重要问题。

从6月中旬到7月中下旬，毛泽东陆续发表了一系列文章，就

---

① 〔美〕斯诺（Snow.E.）笔录，汪衡译，丁晓平编校：《毛泽东自传》（中英文插图影印典藏版），中国青年出版社2014年版，第59页。

湖南的未来提出了"湖南建设""再进一步""湖南改造""废督运动""建设民治""人民自决"等主张，自觉地从领导驱张运动转入领导湖南人民自治运动，希望湖南的事能由湖南人民自己决定。

6月11日，他在上海《时事新报》发表《湖南人再进一步》一文，指出，湖南驱张运动将要完结了，湖南人应该更进一步，废去督军，建设民治。用现在的话讲就是从废除封建军阀统治、建设人民民主两个方面下手。他的视野没有局限于拯救故里，而是把湖南问题放在全中国的总体框架中思考，认为湖南眼下时机得宜，要通过废除军阀统治和建设民主政治为全中国带一个头，先干起来，推动其他各省的发展，合起来便可得到全国的"总解决"。[①]这就是说，从湖南自治运动发起之际，毛泽东已经把这个运动看作从根本上改造中国的重要环节了。

6月18日，他在上海《时事新报》发表《湖南人民的自决》一文，指出，虽然张敬尧走了，但阻碍湖南人民自决的人往后还有不少，因此必须为湖南人民的自决自治继续战斗。怎么战斗呢，就是要来个"连根拔起""摧陷廓清"，进行"根本解决"。他觉得，中国的乱局已然持续八九年了，乱而无果，整个国家都处于社会腐朽、民族颓败的状态当中，必须要从根本上解决问题，这是全国人民的责任，全国人民应该觉悟起来。而在湖南，想终止乱局的根本就在于湖南的事由湖南人民自决之，而非造乱的少数武人。所以湖南进一步发展的根本就是要恢复人民的自由。[②]为此，毛泽东和彭璜等新民学会

[①] 《毛泽东早期文稿》，湖南人民出版社2008年版，第436－437页。
[②] 《毛泽东早期文稿》，湖南人民出版社2008年版，第438－439页。

会员一起，发起了筹划改造湖南大计的群众性政治团体——湖南改造促成会。

6月23日，他以湖南改造促成会的名义复信湘籍老同盟会员曾毅。此信后于《申报》发表，信中提出了毛泽东改造湖南的主张：湖南改造的要义在于"废督裁兵""建设民治"。此时，张敬尧去后的湖南由谭延闿、赵恒惕掌权，他们为了笼络人心打出"湘事湘人自治"旗号，毛泽东便借此机会要求二人遵守自决主义，遵守民治主义，确保湖南人民享有言论、出版、集会、结社自由。[①] 这封信可以说是毛泽东领导湖南自治运动的一个纲领性文件，之后关于湖南自治的一系列主张，基本上都是围绕这几个方面展开的。

（二）乘势发动"湘人自治"运动

1920年7月下旬，张敬尧离去的湖南虽然暂时安定下来，但直、皖、桂、粤各系军阀仍然虎视眈眈，控制湖南的湘军内部也有矛盾。为了巩固统治，刚刚掌握湖南政权的督军谭延闿发出自治通电，以期争取民意支持。毛泽东等抓住这一有利条件，乘势发动并推动湖南自治运动快速发展，短时间内把广大人民群众组织起来，掀起了一场轰轰烈烈的政治运动。

7月22日，谭延闿即发表自治运动电文，声称：督军制固宜废止，但废其名而存其实，或更扩大其权力如巡阅使、军区长，则流弊必更滋多。湘人此次驱张，本湘人救湘、湘人治湘之精神，拟即采行民选省长制，以维湘局。也就是说，主张以湘人救湘、湘人治湘之精

[①] 《毛泽东早期文稿》，湖南人民出版社2008年版，第440－442页。

神，以民选省长的形式，实行湖南自治。由此，官方的湖南自治运动公开启动。

然而，谭延闿所提出的"湘人救湘、湘人治湘"，同毛泽东所追求的人民自治在目的上是根本不同的。毛泽东谋求的核心是"民治"即人民自主自治，而谭延闿实际上是偷换了概念，试图打自己的湘人出身这张身份牌，假借自治的名义，维护自己的军阀统治。

尽管如此，如果能够利用谭延闿搞"湘人治湘"的活动，通过合法的、"无血革命"的途径达到推动湖南人民自治的目的，未尝不是一件好事。

正是出于这样的考虑，毛泽东以极大的热情投入自治运动当中。从9月初开始，在短短一个多月的时间里他发表了十多篇文章，起草了多篇文件和请愿书，提出了湖南自治的基本主张，引导了自治运动的发展方向，组织了一系列相关的群众性活动，力图使这项运动达到理想的结局。①

---

① 毛泽东在领导湖南人民自治运动期间，个人撰写和集体起草的文稿14篇均收录在《毛泽东早期文稿》中。分别是：《湖南建设问题的根本问题——湖南共和国》第453－455页，《打破没有基础的大中国建设许多的中国从湖南做起》第456－457页，《绝对赞成"湖南们罗主义"》第458－460页，《湖南受中国之累以历史及现状证明之》第461－463页，《"湖南自治运动"应该发起了》第464－465页，《释疑》第466－468页，《再说"促进的运动"》第469页，《"湘人治湘"与"湘人自治"》第470－472页，《"全自治"与"半自治"》第473－474页，《为湖南自治敬告长沙三十万市民》第475页，《反对统一》第476－479页，《由"湖南革命政府"召集"湖南人民宪法会议"制定"湖南宪法"以建设"新湖南"之建议》第616－623页，《昨日建议召集人民宪法会议之大会议》第624－626页，《湖南自治运动请愿书》第627－628页。本章在此后行文注释中，写出篇名但不再一一加注页码。

9月3日,他在长沙《大公报》发表《湖南建设问题的根本问题——湖南共和国》一文,坚持他自6月份以来一直主张的先分省自治、后解决全国总建设的观点,大胆地提出分省建立共和国的倡议,喊出了"湖南共和国"的口号。与此同时,他也用马克思主义关于帝国主义的理论分析了帝国主义国家所谓"大国家"的殖民地政策,认为其流毒颇远;而对俄国十月革命及其带来的世界民族解放、民族独立运动给予高度评价,将其引作湖南自治运动的经验借鉴。

9月5日,他发表《打破没有基础的大中国建设许多的中国从湖南做起》一文,继续阐述"湖南共和国"思想,认为四千年的大中国,只是形式的中国,没有实际的中国,因为没有基础,现在要做的就是"打破没有基础的大中国,建设许多的小中国,'从湖南做起'"。

这两篇文章发表后,得到积极呼应。9月6日到8日,《大公报》发表彭璜的《"湖南共和国"建设问题的根本问题——非中国式非美国式的共和国》[①]一文。文章在毛泽东的基础上进一步提出,湖南共和国一方面是要注意全体人民的幸福,是谋最大多数的福利而不是少数人的幸福,绝不是要提倡资本主义;另一方面是要提倡人民的自动自主自决自治,打破政治上少数人的统治,而实行人民的民主。9月5日,湖南《大公报》主笔龙兼公发表《湖南"门罗主义"》一文。次日,毛泽东在该报发表《绝对赞成"湖南们罗主义"》[②]加以呼应,提出要实行人民的民主而不是少数人的统治。为了进一步阐明

---

① 《新民学会资料》,人民出版社1980年版,第235-241页。
② 本句保留原文用字,"门罗""们罗"实为一词。

建设湖南共和国的思想，他又发表《湖南受中国之累以历史及现状证明之》认为，几千年来，湖南由于受中国之"累"，不能遂其自然发展，为此必须先实行各省人民的自治，最后再发动全国的彻底的总革命。

在毛泽东几人的推动下，短时间内，自治运动如火如荼。《大公报》开辟"湖南建设"专栏，毛泽东、龙兼公、彭璜等相继发表了关于湖南自治的文章，在湖南乃至全国引起了极大影响。思想界、政治界开始密切关注湖南自治运动发展的情况，梁启超、熊希龄等也表示支持。湖南各地特别是长沙民众对湖南自治也抱以极大的热情。

在这种情况下，谭延闿等也不得不行动起来。9月13日，谭延闿以地方自治为名，召集官绅名流和省议员召开"自治会议"，提出"湖南自治法"。未经改组的省议会则直接以"民意机关"自居，并组织了"自治研究会"，紧锣密鼓地开始自上而下地启动"湖南自治"。但是，谭延闿的这种做法实际上是一种官办自治、包办"制宪"的阴谋，同毛泽东等主张的人民自治是背道而驰的。

尽管如此，因为官方的启动，自治运动在客观上更加蓬勃发展，特别是广大工人、农民参与自治运动的热情十分高，借势把自治运动发动为一场声势浩大的群众性政治运动的机会已经出现。

对于初步确立马克思主义信仰、正在进行马克思主义宣传的毛泽东、何叔衡等人来说，通过这种群众运动来推动马克思主义理论和俄国十月革命经验的传播，提高广大人民群众的政治理论水平，未尝不是一次重要的机遇。

就这样，一方要借助"湘人治湘"的所谓自治来巩固自己的军阀统治，另一方则要借助真正的"人民自治"来探索改造湖南和中国的道路。双方都打着同一块牌子,客观上把自治运动推向了高潮。

但是,两者目的截然不同,其内在的冲突必然要爆发,而一旦这种冲突公开化,自治运动本身则必然会发生重大逆转。

(三)以"湘人自治"对抗"湘人治湘"及其失败

9月23日,谭延闿决定由省议会制定一部宪法会议组织法,根据这个组织法来召集制宪会议,使其包办制宪的阴谋披上合法的外衣。

这正是毛泽东所讲的,少数人要左右多数人,统治者总是利用自己手中的政治权力来实现自己的意志,而广大人民群众因为缺乏政治权力,无法实现自己的政治意志。

虽然制宪会议由于舆论反对和湘军内讧而没有开成,但是,毛泽东已经越来越看清军阀强奸民意、控制自治运动的企图。为此,进一步明确真正湖南自治的基本主张,揭露军阀的政治阴谋,引导自治运动向正确方向发展,就成为必须认真做好的事情。于是,毛泽东一面发表多篇文章,一面同龙兼公等发表请愿书,力图通过和平的方式,阻止谭延闿欺骗群众和舆论、借自治之名维护自身统治的政治图谋。

9月26日,他发表《"湖南自治运动"应该发起了》一文。一方面,他强调必须把"自治"落到实践上,这实际上是从舆论上逼迫谭延闿政府实际推动自治运动;另一方面,他又特别强调,湖南自治必须是人民的自治,而不能是由统治者官办的自治,这实际上是对谭延闿控制政治权力、强奸民意实况的揭露。当然,毛泽东对合法斗争仍然抱有一定的幻想,因此他明确说自己要更多地从事促进的运动,而不是具体的建设运动。

为了突出强调必须坚持人民自治而不能搞少数统治阶级包办，毛泽东连续发文阐述这个重点、揭露谭延闿的阴谋。

9月27日，他发表《释疑》一文，强调湖南自治必须靠人民群众进行，而不能靠少数人来垄断。他站在人民立场上指出，那种认为政治是"一个特殊阶级的事"的看法，是大错特错的。他以十月革命后俄国劳动人民当家作主的情况作为例证，号召湖南的工人、农民、商人、学生、教员、士兵、警察等都积极行动起来，自觉承担起湖南自治的历史责任。9月28日，他发表《再说"促进的运动"》一文，再次强调，湖南自治不是少数官绅发起就可以实现的，没有广大人民的参与是绝对不行的。这实际上就是公开批判谭延闿为代表的官僚、军阀、绅士，冒自治之名、行控制之实的做法。

随着诸多文章的发表，两种自治主张之间的斗争日益激化，公开的冲突就难以避免了。

9月30日，毛泽东在《大公报》发表《"湘人治湘"与"湘人自治"》一文，把两种不同自治主张的冲突公开化。揭露了谭延闿采用偷换概念的做法，为了掩盖自己假借自治之名推行军阀统治的政治阴谋，以"湘人治湘"取代湖南自治。他严肃地公开指出，"湘人治湘"仍是一种官治而不是民治，它"含了不少的恶意，把少数特殊人做治者，把一般平民做被治者，把治者做主人，把被治者做奴隶"。而"湘人自治"，则是要求乡、县、省各级政府完全自治，乡长、县长、省长实行民选，人民依靠自己民主选举出的管理者来管理社会。文末，毛泽东辛辣地讽刺道："颇有人将湘人治湘与湘人自治混为一谈，我看这样小小一个区别，总要分清才好。"显然对于"湘人治湘"的说法，文章是坚决反对的。

正因为毛泽东的文章鲜明地指出人民自治主张同"湘人治湘"的本质区别，因此人民自治的主张又在舆论上占了上风。骑虎难下的谭延闿只好采取拖延的手法，阻止湖南自治运动发展。在这种情况下，毛泽东等决定采取新的方式和对策来推动运动的发展。

10月5日，长沙各界代表10多人召开自治运动联席会议，研究湖南自治问题。会议发起人刘寿康提出，必须坚持完全由人民动议、人民制宪。毛泽东当然赞成这个提法，但是完全由人民动议、制宪缺乏经费，湖南自治运动的良机又稍纵即逝。为了让自治宪法在最短期内制定实施，毛泽东提出了更加策略性的方式：由谭延闿政府召集宪法会议，但会议代表必须实行直接的平等的普通的选举，确保自治达到完满的目的。

当日，《大公报》发表了由毛泽东、彭璜、龙兼公3人提出，377人签名的《由"湖南革命政府"召集"湖南人民宪法会议"制定"湖南宪法"以建设"新湖南"之建议》。建议书为推动谭延闿尽快进行湖南自治，把谭延闿出兵驱张、召集湖南自治会议等都称为"革命行动"，把他组织的政府称为"革命政府"，主张由谭政府召开人民宪法会议，会议代表实行直接的平等的普遍的选举，由会议制定宪法，根据宪法产生正式的湖南议会和各级自治机关，从而建设一个"新的湖南"。建议书的最后，毛泽东等再次强调，湖南自治必须做实际的而不是空头的运动，要发动广大人民群众直接参与的"全自治"而不是不痛不痒的"半自治"。

当然，从这个建议书也可以看出，包括毛泽东在内的自治运动领导者仍然把希望寄托在谭延闿政府上。这虽不失为一种好的策略，但其中仍存有一些改良主义合法斗争的幻想。

建议书发出之后，毛泽东等人开始把主要精力从宣传鼓动转向召集群众集会、发动请愿活动等方面，力图通过合法斗争推动湖南自治。10月6日，湖南省学联发出致各团体和各学校的公开信，邀请各机构选派代表召开联席会议，并订于10月10日举行市民游街大会，一则警告政府，一则唤醒同胞，从而早日召开宪法会议，实现湖南自治，建设新湖南。10月7日，毛泽东参加学联召开的省城各团体各报馆代表联席会议。会议着重商讨"双十节"举行市民游街请愿请省政府召集人民宪法会议等有关事宜，同时讨论了拟呈请省政府颁发施行的宪法会议组织法和选举法要点。会议推举龙兼公、毛泽东起草以长沙全体市民名义呈省长的请愿书。同日，毛泽东在长沙《大公报》发表《为湖南自治敬告长沙三十万市民》一文，认为自治运动成败首先决定于30万长沙市民，号召广大市民积极行动起来，承担起自治运动的责任。

10月8日，湖南省教育会举行关于召集湖南人民宪法会议的各界建议人大会，公推毛泽东为大会主席，大会通过了"湖南人民宪法会议的选举法和组织法要点"。

10月10日，省教育会召开自治运动大会，宣读了《请愿书》。会后，长沙各界约两万人举行了声势浩大的市民游街大会。游行队伍行至湘军总司令部时，要求谭延闿接见并递交《请愿书》。面对群众的要求，谭延闿虚与委蛇，当场向代表允诺即行召集人民宪法会议。

从表象看来，群众游行了，请愿书提交了，谭延闿也答应了，制宪会议似乎可以如期召开了，湖南自治似乎可以按照毛泽东等人的期望进行了。但是，事情并没有那么简单，拥有军事实力的军阀不可能拱手向手无寸铁的群众让出自己的权力。谭延闿也根本不愿意真正搞人民自治，他坚持的仍是官办自治、包办制宪的主张，并且因群众请愿一事颇为恼火，准备对毛泽东、彭璜等人加以制裁。正巧，群众游行队伍经过省议会时，由于对省议会包办"制宪"的做法强烈不满，队伍中有人将省议会的旗子扯下。谭延闿、赵恒惕等便以此为借口，造谣说这是毛泽东干的，警察厅还将毛泽东召去诘问……

至于起草宪法，10月21日，由军阀政府控制的自治期成会等召集各公团联席会议，会上自治期成会等六团体仍提出由省议会起草宪法，要求表决。此时的省议会未经改组，并非人民平等选举所得，自然也无法代表民意。可当时毛泽东、龙兼公所能代表的只有制宪请愿团和报界联合会，他们势单力孤无法在选票上压过六团体，只能公开声明不加入表决，以抵制这种强奸民意的做法。至此，毛泽东领导的湖南人民自治运动在军阀破坏下宣告失败。

从以上简述的始末可以看出，毛泽东组织和领导的湖南自治运动，在一定程度上说是革命运动和改良运动、新民主主义革命与旧民主主义革命的双重交合，具有两面性的特征。

一方面，自治运动在总体上坚持人民的历史主体地位和革命作用，站在最广大人民群众的立场上，反对封建军阀统治，反对帝国主义侵略，力求依靠人民大众对湖南和中国进行彻底的、总体的、根本性的改造，以推翻封建主义、帝国主义的反动统治，在革命对象、主体力量、发展道路等方面，具有人民大众的反帝反封建的新民主主义革命的色彩。

另一方面，自治运动对封建军阀仍然抱有一定幻想，对改良主义没有彻底放弃，渴望通过和平的、不流血的、"呼声革命"式的舆论批判、集会游行、上书请愿等合法斗争方式，借助自上而下的、一点一滴的、渐变式的改良积累,最后实现总体的、全局的社会改造,同时还有一些无政府主义倾向,以及封闭发展的、世外桃源式的空想社会主义色彩。

这种两面性,使得这次运动虽然在宣传马克思主义、提高广大群众的自觉性方面取得了成就,但是,就实现对湖南和中国进行根本改造的运动目标来说,不能不说是失败了。

这种两面性,同当时毛泽东正处于急遽转变过程中的思想状态是分不开的。

马克思主义应用于政治实践的初次尝试

在一定程度上说，领导湖南人民自治运动是毛泽东开始把马克思主义基本观点应用于社会政治实践的初次尝试。

（一）用实践与理论辩证关系的理论指导自治运动

理论与实践的关系问题，是马克思主义理论体系中的关键问题，属于世界观方法论的层面，能否科学准确地把握二者的关系，是判断一个人是否坚持马克思主义世界观的重要尺度。

在接触马克思主义之后，毛泽东就以很大的兴趣、投入很大的精力学习和研究马克思主义理论。在《湘江评论》中，他已经提出"踏着人生社会的实际说话""引入实际去研究实事和真理"的论断，但那时的论断更多是从批判旧思想的角度所做的批判性论述，而不是从阐述新思想的角度所做的正面表述，更不是对原理的实践运用。经过更加深入的理论学习之后，自治运动时期的毛泽东已经比较熟悉地掌握了马克思主义的一些重要观点，并把这些观点用于分析现实问题和指导实践了。

如发表于 1920 年 9 月 26 日的《"湖南自治运动"应该发起了》一文，文章头一段不仅准确地使用了理论和实践这一对概念，而且对它们之间的关系有了准确的把握。他写道："无论什么事有一种'理论'，没有一种'运动'继起，这种理论的目的，是不能实现出来的"，"湖南自治运动固然要从……理论上加以鼓吹推究，以引起尚未觉悟的湖南人的兴趣和勇气。但若不继之以实际的运动，湖南自治，仍旧只在纸上好看，或在口中好听，终究不能实现出来。……故现在所缺少的只有实际的运动，而现在最急须的便也只在这实际的运动。"

在这里，毛泽东不仅正面阐述了理论必须同实际相结合，必须用实践来实现理论的目的，而且把这个基本原理用于分析和指导湖南人民自治运动的实践发展。这是青年毛泽东思想飞跃的重要体现，是他对马克思主义理论深度把握和实践运用的重要体现。

（二）用经济基础和上层建筑辩证关系的原理分析中国历史与现实

在中国早期传播过程中，马克思主义的唯物史观思想成为当时中国先进知识分子重点引进和学习的内容，而经济基础与上层建筑关系的原理是唯物史观最核心的内容之一，它也就自然成为李大钊、陈独秀、毛泽东等学习、宣传和应用的重点。在领导湖南人民自治运动的过程中，毛泽东就运用这个原理来分析中国政治的历史与现实。

在《湖南改造促成会复曾毅书》中，毛泽东对中国四千年来的政治发展做了初步分析。他指出：中国四千年来之政治，皆空架子，上实下虚，上面冠冕堂皇，下面则根基不牢；民国成立以来，宪法、国会、总统制、内阁制等愈闹愈糟，原因就是这些政治上层建筑缺乏根基，如同"建层楼于沙渚，不待建成而楼已倒矣"。这就是说，政治制度、政治机构都属于上层建筑的内容，在其之下乃是经济和社会的基础，如果基础不牢固，就如在松软的水边沙地建楼，政治上层建筑就必然不稳固。

他在《打破没有基础的大中国建设许多的中国从湖南做起》中说得更直接、更清晰："固有的四千年大中国，尽可以说没有中国，因其没有基础。说有中国也只是形式的中国，没有实际的中国，因其没有基础。……凡物没有基础，必定立脚不住。政治组织是以社会组织做基础，无社会组织决不能有政治组织，有之只是虚伪。"

在这里，他所用的概念基本上就是马克思在《〈政治经济学批判〉序言》中的概念，阐述的观点完全符合马克思主义关于经济基础和上层建筑关系的原理。

他用这个原理对中国政治的现实做出分析之后，明确提出要打破缺乏基础的大国家，通过建设众多的小国家来打牢基础，经过长时间发展之后再从事全国性的总建设。

尽管毛泽东所提出的结论未必合理，但是他在这里能够把经济基础与上层建筑关系的原理运用于分析历史和现实问题，指导现实实践的发展，是非常难能可贵的。

（三）把人民群众创造历史的观点贯穿运动当中

人民群众创造历史还是少数英雄人物创造历史，是唯物史观同唯心史观的根本分歧之一。在领导湖南人民自治运动时期，毛泽东已经抛弃了"圣贤救世"的唯心史观，坚持人民群众创造历史的观点，站在人民群众的立场上反对统治阶级对广大人民的剥削和压迫，坚持人民主体地位，主张人民自治，实行人民民主。这一观点在运动当中主要有以下体现。

第一，改造中国的承担者即历史创造的主体是全中国最广大的劳动人民，而不是少数官僚、军阀等统治阶级。

改造中国是毛泽东当时的重要主张，他在《湖南人民的自决》中就改造中国的主体是谁给出了明确的答案："社会的腐朽，民族的颓败，非有绝大努力，给他个连根拔起，不足以言摧陷廓清。这样的责任，乃全国人民的责任，不是少数官僚政客武人的责任。"[1]

第二，湖南人民自治运动是改造中国的一个重要步骤，这个运动的主体也必须是广大人民群众。在重大问题上，应该由人民群众来决定，而不是少数人说了算。

他在《绝对赞成"湖南们罗主义"》中明确提出，"最大多数人民必定是（一）种田的农人，（二）做工的工人，（三）转运贸易的商人，（四）殷勤向学的学生，（五）其他不管闲事的老人及小孩子"。自治运动中的决策和主张，如果不是由他们来决定，就必然会出现种种弊端。必须充分发挥人民的民主权利，将投票箱给"最大多数党"，即农民、工人、商人、学生、教员、兵士、警察……

第三，如果不从人民的立场出发，不实行人民自治和人民民主，而只是由少数统治阶级来包办自治，这种所谓的自治运动必然是虚伪的、骗人的把戏。

他在《再说"促进的运动"》一文中强调，湖南自治不是少数统

---

[1] 《毛泽东早期文稿》，湖南人民出版社2008年版，第438页。

治阶级想办就能办好的，离开广大人民群众的参与和监督，自治运动根本不可能成功。事实也正是这样，湖南自治最终不了了之，就是因为人民不能当家作主，统治者为了自己的利益和权力左右了运动。

第四，既然自治运动的主体在于人民群众，就必须充分发动人民群众参与运动的积极性和主动性。

当时人民群众参政不仅受到军阀的阻挠，群众自身大多也信心不足，很多人以为湖南自治问题太大，自己又不懂政治法律，总有一点儿不敢开口。为此，毛泽东在《释疑》一文中，批判了那种认为人民群众没有资格、没有能力参加政治活动的论调，站在人民的立场上明确指出，那种把政治看作一个特殊阶级的事，看作脑子里装了政治学法律学、身上穿了长褂子一类人的专门职业的看法，是"大错而特错"的。针对一些认为自己不懂得政治法律、对湖南自治问题不敢出来说话的群众，他予以鼓励，直言：湖南自治是一件至粗极浅的事，没有什么精微奥妙，每一个湖南人都有权参与，人民应该承担起治理的重大责任。

（四）用阶级斗争理论批判军阀和帝国主义

阶级分析的观点和方法，是马克思主义理论的核心内容之一。在领导湖南人民自治运动的过程中，毛泽东就已经开始用他初步掌握的马克思主义阶级斗争的观点来观察当时中国和世界的重大问题，对封建军阀统治和帝国主义侵略做出了深刻的分析。

对封建军阀，他指出中国腐败落后的重要原因在于统治阶级的腐朽没落，他们对内残酷镇压人民群众，对外则向帝国主义屈膝投降、出卖国家民族的利益。这些官僚、政客、武人，"有私欲，无公利；

有猜疑，无诚意；有卖国，无爱国；有害人，无利人。八九年来的大乱，都是此辈干来的营私勾当。腐败绝顶的政府，娼妓生涯的党徒，盘踞国中，甘心为恶，铁道卖尽，矿山卖尽，森林卖尽，商埠卖尽，乞得日本来的枪械、饷款、训练官，屠杀人民，与市民战，与学生战"。①

正是因为认清了这一本质，在湖南人民自治运动的过程中，毛泽东才能一针见血，指出所谓"湘人治湘"不过是以谭延闿、赵恒惕等为代表的封建军阀，故意混淆"湘人自治"的概念，为了继续维护封建统治阶级对广大人民群众的统治，阻止真正的人民民主所使出的障眼法。为此，毛泽东明确提出要反对湘人治湘的滥调。

对帝国主义侵略，他指出，"在今后世界能够争存的国家，必定是大国家"这一言论实是帝国主义为侵略正名的谬论。当时，国外帝国主义国家的统治阶级为了本阶级的利益，在国内压迫被统治阶级，在国外进行帝国主义扩张，把其他国家民族变成他们的殖民地，中国就是这种帝国主义侵略的重灾区。为此，毛泽东以马克思主义关于帝国主义的理论，在《湖南建设问题的根本问题——湖南共和国》一文揭穿了这个谬论的实质。认为这完全是帝国主义国家统治阶级进行内外统治的理论体现，其实施的结果就是帝国主义国家的统治阶级，在国内压迫弱小民族和被统治阶级，在国外对弱小国家和民族造成残酷掠夺。正是基于这样的分析，他对俄国十月革命及其带来的世界民族解放、民族独立运动给予高度评价。

用阶级分析方法分析了人民所受到的双重压迫后，毛泽东得出

---

① 《毛泽东早期文稿》，湖南人民出版社2008年版，第438页。

的结论是，面对不合理的政治制度和统治阶级的镇压及其给人民带来的沉重灾难，广大劳动群众只有奋起反抗，通过社会革命打破统治阶级的反动统治，对现存社会进行彻底改造，实行真正的人民民主，才能解放自己。所以，在自治运动发起之际，毛泽东就号召人民起来，承担起创造和发展历史的责任，将旧的社会制度和政治框架"连根拔起""摧陷廓清"，进行彻底的革命。在运动发展的过程中，毛泽东则始终强调要真正实行人民自治。但他遇到的现实却是以谭延闿、赵恒惕为代表的统治阶级垄断宪法制定权，剥夺人民群众的政治参与权利。为此，他特别指出，如果自治运动中的重要决策，不是出于农人、工人、商人、学生等最大多数人民，这就绝不是真正的人民自治，其结果还是统治阶级对广大人民群众的压迫。这种社会制度必须打破，必须要把象征统治权的票箱转移到最大多数的人民群众手里来，在打碎旧政权的基础上，将国家的统治权收回人们自己手中，创建人民真正当家作主的新政权。

初步总结并借鉴十月革命经验

自从 1917 年俄国十月革命爆发的消息传到中国以后，毛泽东就对十月革命的经验和道路抱着极大的兴趣。但是，俄国革命毕竟是发生在中国以外，它的基本经验是否可以在中国推行，它的模式是否可以转化为中国革命的实践，这些都不是仅仅在理论上可以说得清楚的，必须要在实践中才能有所证明。

而带有新民主主义革命色彩的湖南人民自治运动，正是毛泽东早期马克思主义实践的组成部分。在这场运动中，他结合自己正在从事的革命实践，进一步深刻地理解了十月革命的伟大意义，初步总结了十月革命的成功经验，并试图把这些经验贯穿到实践当中。

（一）结合世界大局和中国现实盛赞十月革命伟大意义

在《湖南建设问题的根本问题——湖南共和国》一文中，毛泽东对湖南自治运动的历史根据和世界背景做了概括分析。在谈到自治运动的国际环境和时代特征时，他专门用了一整段文字盛赞俄国十月革命及其带来的世界民族解放、民族独立运动，指出了十月革命的重大历史意义。

"现在我们知道，世界的大国多半瓦解了。俄国的旗子变成【了】红色，完全是世界主义的平民天下。德国也染成了半红。波兰独立，截〈捷〉克独立，匈牙利独立，尤〈犹〉太、阿剌〈拉〉伯、亚美尼亚，都重新建国。爱尔兰狂欲脱离英吉利，朝鲜狂欲脱离日本。在我们东北的西伯利亚远东片土，亦建了三个政府。全世界风起云涌，'民族自决'高唱入云。打破大国迷梦，知道是野心家欺人的鬼话。摧〈推〉翻帝国主义，不许他再来作祟，全世界盖有好些人民业已〈已〉醒觉了。"①

在这里，毛泽东并不是孤立地看待俄国革命，而是从世界格局大变化的角度，阐明了十月革命所带动的整个世界格局的历史性变化：随着十月革命的爆发及其伟大胜利，世界各国人民都开始觉醒，欧洲各国以及世界各地的民族解放运动风起云涌，世界帝国主义的链条被切断，帝国主义大国统治世界的格局被打碎，这是一个世界历史发展进程中的历史性新纪元。

这个历史性的纪元，对于中国摆脱帝国主义压迫、进行民族独立解放，提供了一个极其重要的世界环境，对于湖南自治运动有重要的启发性。

（二）结合时代环境和自治实践，初步总结十月革命的成功经验

在《打破没有基础的大中国建设许多的中国从湖南做起》一文

---

① 《毛泽东早期文稿》，湖南人民出版社2008年版，第454页。

中，毛泽东结合中国几千年的历史发展，从推动中国根本性改造，实现彻底的总体性革命的角度，结合湖南自治运动的现实实践，对列宁领导十月革命胜利的成功经验做了初步分析。他指出，十月革命之所以能够获得巨大成功，就在于有科学理论的指导，在于马克思主义政党的领导，在于广大党员充分发挥先进性和革命斗争性，在于抓住了有利的历史条件，在于进行了充分的主客观的准备，在于充分获得广大人民群众的积极支持……

他写道：

"如列宁之以百万党员，建平民革命的空前大业，扫荡反革命党，洗刷上中阶级，有主义（布尔失委克斯姆），有时机（俄国战败），有预备，有真正可靠的党众，一呼而起，下令于流水之原，不崇朝而占全国人数十分之八九的劳农阶级，如响斯应。俄国革命的成功，全在这些处所。"[1]

应该说，毛泽东的这个分析，虽然文字很简短，但是抓住了问题的实质，从党的领导、指导思想、客观条件、党员先进性、工农阶级支持等几个方面，找到了十月革命胜利的深层原因。

值得注意的是，毛泽东在这里并不是简单地做理论上的分析，而是从中国革命的角度来思考问题。

我们知道，任何外来的理论和经验，即便是已经获得了完全的成功，也不可能原原本本地、生吞活剥地引入本土实践当中，而必须结合接受地的实际情况，具体问题具体分析。

而毛泽东从一开始接触并希望借鉴俄国革命经验之时，就已经

---

[1] 《毛泽东早期文稿》，湖南人民出版社2008年版，第456页。

显示出了这样的理论特色和思考方式。他在分析了中国的历史传统、社会统治状况、政治实践特点等之后，明确指出中国的情况同列宁领导的十月革命之间有着极大的差异性，绝不能直接照搬俄国革命的经验。他指出：

"中国如有激底〈彻底〉的总革命，我也赞成，但是不行（原因暂不说）。所以中国的事，不能由总处下手，只能由分处下手。……因此现在唯一的办法，是'打破没有基础的大中国，建设许多的小中国'。"①

就是说，中国如果能够像十月革命那样，彻底推翻封建专制的统治，发生总体性革命，实现根本性的社会改造，当然是好事，但是中国做不到，因此必须走同俄国革命不一样的路子。在这里，毛泽东的结论虽然不完全正确，但是他分析问题的方法、对待十月革命经验的态度是非常正确的，他在日后领导中国新民主主义革命和社会主义革命过程中对于苏联经验的做法，就体现了这种方法和态度。

（三）结合自治运动的具体实践，力图把十月革命经验运用于中国实际

在领导湖南自治运动过程中，毛泽东等所遭遇的阻力是很大的。一方面，谭延闿、赵恒惕等封建军阀竭力阻止人民自治，他们阻止的一个重要理由就是下层民众缺乏知识，没有能力从事自治运动，为此必须由统治阶级来代替人民制定自治法，实行官办自治；另一方面，由于长期受到封建专制统治，广大人民群众在思想认识上也存在很大

---

① 《毛泽东早期文稿》，湖南人民出版社2008年版，第456—457页。

误区，认为"政治是一个特殊阶级的事"，而自己没有文化、没有知识，缺乏独立自主的自治能力，从而产生了畏怯心理，把本属于自己的民主权利交给统治阶级。

为此，毛泽东专门发表了《释疑》一文，来消除广大工人、农民的这种疑虑和不正确的认识。他特别以俄国十月革命后的无产阶级专政为例，以事实为依据告诉广大群众，自治应该由劳动人民自己当家作主，而不应该由少数统治阶级来包办，湖南自治应该像俄国十月革命后所实施的人民民主专政那样，而不是少数统治阶级假借自治之名对广大群众进行统治的工具。他指出，十月革命之后，俄国的政治全都是由俄国的工人、农民在做主，是人民当家作主。湖南的人民群众要像俄国民众那样，积极行动起来，从事人民自治运动。

显然，毛泽东在这里正力求用俄国工农民主专政的事实作为榜样，来教育和激发广大人民群众，在增强他们从事自治运动自觉性和信心的同时，把俄国革命的成功经验和新型的无产阶级专政的政治实践运用、推广到中国革命的实践当中。

这从一个方面反映了毛泽东在思想方向上已经基本上转向了马克思主义，在革命道路的选择上已经明显地倾向于（虽然还没有最后确定）选择俄国革命的道路，他思想上彻底转变的时刻即将到来。

领导湖南自治运动时期，正处于毛泽东思想清算和彻底转变的前夜。

一方面，马克思主义已经占据其思想结构的主导因素地位，决定着其思想发展的基本方向。

另一方面，他的思想深处仍然残留着一些非马克思主义的要素，这些思想虽然已经不处于主导地位，但是由于长期以来的积累，仍然在一定程度上影响着他的思想和行动，导致他在湖南自治的总体设计中还有空想社会主义色彩，在主导思想上还有无政府主义的痕迹，在自治方法上依然抱有呼声革命的幻想，在改造中国的路径上对十月革命道路还抱有犹豫态度。这些不正确的思想残余，正是自治运动受挫的重要思想原因。

这种思想上的两面性既是思想转变时期的必然现象，也是思想清算的对象。要彻底完成思想转变，就必须通过彻底的思想清算予以打破。

第8章

自我清算：
一次彻底深刻的自我思想革命

火热实践后的冷静思考
清算旧思想的六封复信
新旧思想转换的重要关节点

青年毛泽东思想发展的一个鲜明特点，就是以近乎拼命的精神通过各种渠道，尽可能大量，甚至是不加选择地充分吸收和接纳各种新的知识和信息，将其存储到自己的知识结构当中；再通过理论上的梳理、思想上的沉淀，逐步形成自我的、独立的思想结构。但是这种思想结构中的各种知识信息从来不被他直接当作不可动摇的真理，而是一定要在亲身实践中加以运用和验证。凡是没有经过实践检验的知识、理论、主义等，他都不会轻易地固守或者放弃。而且，对这些东西，他往往是要经过多次的实践检验才最终决定是该坚持还是放弃。因此，他的每一次重要社会实践中都会贯穿思想结构中的一些理论或主义，而每一次实践之后则又必然会静下来对所从事的实践以及实践中所贯穿的理论进行反思和审视。

火热实践后的冷静思考

领导湖南人民自治运动,是毛泽东在思想根本转变前夕准备充分、组织系统、目标明确、影响深远的一次重大社会政治实践,也正因如此,他在运动失败后进行的理论反思和思想清算更加全面彻底,成为他实现思想彻底转变最关键的一步。

从1920年9月初到10月中下旬,在领导湖南人民自治运动期间,毛泽东一方面进行紧张的理论创作和舆论宣传,一方面积极领导组织各种会议、群众集会和游行请愿,做了大量工作。然而,湖南人民自治运动还是以失败而告终,这使他的身体和思想都受到了极大冲击。于是,他从火热的社会政治实践中抽出身来,让疲惫的身体得以恢复,并进行冷静的理论思考。

从1920年10月下旬到11月底的一个多月时间内,毛泽东主要做了如下几个方面的事情,这几件事都同他的理论反思和思想清算密切相关。

一是继续推进文化书社的创办和发展。

10月22日,他出席文化书社第一次议事会,起草并向会议提交了《文化书社第一次营业报告》，介绍文化书社创办两个多月以来的经营情况。为扩大文化书社的影响，11月7日到9日，他于长沙《大公报》刊登了《文化书社通告好学诸君》的广告，阐明文化书社的目的是"专经售新出版物"，并对书社主要经营的212种书刊进行通告，如《新青年》杂志、《马格斯〈资本论〉入门》《社会主义史》、罗素的《政治理想》、达尔文的《物种原始》等。

二是领导创建湖南的社会主义青年团和早期共产党组织。

1920年，是中国共产党酝酿的关键一年。当年8月，陈独秀等在上海成立了共产党发起组，该组织推举陈独秀为书记，函约各地社会主义分子，预备在一年之中于长沙等地成立预备性的组织。陈独秀深知毛泽东的才干，给毛泽东去信说明原委，并随信寄来《共产党》月刊和社会主义青年团章程等，希望他在湖南发起成立共产主义小组。

毛泽东接信后，紧锣密鼓地开始工作。11月中旬，他致信湖南省立第一师范的张文亮，托他为发展团员"代觅同志"，并随信寄上社会主义青年团章程10份。此时毛泽东自己也在湖南省立第一师范、商业专门学校、第一中学等校的先进学生中，寻觅团员的对象，湖南社会主义青年团的成立已在紧张的筹备之中。虽然时间紧迫，但毛泽东在社会主义青年团的成立上非常沉稳，他于11月21日，在湖南通俗报馆和张文亮见面时特别叮嘱"宜注重找真同志，只宜从缓，不可急进"。事实证明，毛泽东的叮嘱是有远见的，由于发展过快，多地社会主义青年团均因成员成分复杂产生了重大问题，甚至不得不重组，但长沙的社会主义青年团工作做得非常扎实。需要说明的是，几乎同时，毛泽东已应陈独秀函约，开始创建长沙共产主义小组，最初参加的有何叔衡、彭璜、贺民范等人。这项工作我们将在后面详细介绍。

以上两项活动，属于马克思主义的宣传和组织活动。在这些活动中，毛泽东对马克思主义理论的学习和理解更加深入，这些理解和他在领导湖南人民自治运动中对马克思主义理论的宣传运用结合，使他在思想上对马克思主义的信仰更加坚定。正是因为确立了马克思主义理论的科学指导和对马克思主义日益坚定的信仰，毛泽东获得了展开理论反思的根本指针，思想上的自我清算也更加全面、更加彻底。

三是现场听取罗素、杜威、蔡元培、章太炎、张继（字溥泉）、吴稚晖等文化名人的学术演讲。

当时，湖南省教育会邀请这些国内外知名学者到长沙进行学术演讲，毛泽东受《大公报》聘请，为他们做演讲记录，记录稿随后在《大公报》陆续发表。此事于湖南《大公报》1920年10月26日至11月2日连日刊登的《编辑部特别启事》有载："此次国内外名人来湘讲演，于学术改进、文化宣传，所关甚钜。本报为谋各界快睹起见，特请北京大学哲学士李君济民、北京大学文学士杨君文冕专记杜威、罗素两先生演辞；唐君汉三、金君缄三、毛君泽东分记蔡（元培）、章（太炎）、张（溥泉）、吴（稚晖）诸先生演辞。"

此前，毛泽东获悉罗素的基尔特社会主义思想、杜威的实验主义和政治改良思想都是通过阅读书籍或其他间接途径，此次亲耳聆听这些名家演讲，结合自治运动失败的经历，毛泽东对这些非马克思主义的理论主张及其不足的理解就更加深刻了。在不久后的书信中，他就结合这次罗素的演讲指出，罗素的主张是"理论上说得通，事实上做不到"。①显然，这次同罗素、杜威思想的面对面接触，对毛泽东的思想清算有极大的帮助。

四是整理刊出《新民学会会员通信集》的第一、第二集。

自毛泽东从湖南省立第一师范毕业，新民学会会员也天各一方，有的仍留在长沙奋斗，有的则去了北京、上海甚至留学国外。虽然身不在一处，但他们仍然保持着书信往来，积极交流心得体会。日积月累，这些闪烁着思想光辉的往来信函就成了一段宝贵的思想记录。1920年11月间，毛泽东将新民学会会员间的通信进行分类、整理、编辑，大约在11月底先行编好刊印了第一集和第二集。这两集共收录会员通信43封，其中毛泽东致会友信10封，另有毛泽东起草的启事、前言、序和评述共4篇。搜集、整理、编辑新民学会会员的通信，实际上也是毛泽东对自己两年多来思想发展的一次重要整理工作。金冲及先生在《毛泽东传》中对此评论道：这是他所做的"一件很有意思的事情"，"是对他和新民学会两年多来思想探索的道路做了一个总结性的回顾"。②

其实，对于毛泽东思想发展的历程来说，这项工作的意义绝不仅仅是一个简单的回顾。在整理编辑的过程中，他非常认真地阅读和分析了其中的每一封信，这一点从他给大部分的信件都写了简短的、提纲挈领式的概括便可以看出。通过重新阅读和整理这些书信，他详细地检视了自己以及朋友们两年多来的思想足迹，梳理了自己在这段时间里，吸收了哪些知识信息，学习了哪些思想观点、理论主张，接

---

① 《新民学会资料》，人民出版社1980年版，第148页。
② 《毛泽东传：1893—1949》，人民出版社1996年版，第67页。

触了哪些学者和名流，发表了哪些论著，提出了哪些设想、论断和观点，经历了哪些事情和重大社会实践，对这些社会实践的结果如何评价和判断。应该说，这是一次毛泽东对自己知识结构和思想结构的深层过滤，是一次对自己思想发展道路的深刻反思，是一次对各种存在于个人思想并在实践中经过检验的理论观点的回味、推敲和清理。

五是到醴陵、萍乡做调查研究和短期休息，期间撰写了几封重要书信，系统清算了自己的思想。

11月下旬，毛泽东因工作过于劳累，到湘东乡间做短时间休息，在醴陵、萍乡考察游览。在此期间，他终于有时间对新民学会会员的来信一一回复。他于11月25、26日，给向警予、罗章龙、欧阳泽等新民学会会员复信，对几年来的思想和实践，特别是一年多来领导进行的驱张运动和湖南人民自治运动进行深刻反思，对自己的思想进行深度清算，具体情形本书将在下一节详述。

清算旧思想的六封复信

"乡居寂寥,一卧经旬",1920年11月底,在湘东乡间,毛泽东从忙碌的工作中暂时驻足,就所思所想,给新民学会的六位好友复信,并在编辑《新民学会会员通信集》的过程中,撰写了相关的启事、前言、序、评述、按语等。在这些文字中,他对一年来的驱张运动和自治运动进行了深刻反思,对自己多年来的实践和思想做了一次总体性的全面彻底清算,对改良主义、无政府主义、温和革命等思想表示了彻底绝望和最终放弃,主张高举马克思主义的旗帜,开辟新的路子,创造新的环境,推动中国和世界的大革命、大改造。

第一封是给向警予的复信,这是一位进步女青年,妇女解放运动的领导人,也是有据可查的唯一一位女性中国共产党创始人。在这封信里,毛泽东总结了一年来领导驱张运动和湖南人民自治运动的经验教训,坦言:一年来领导了驱张运动、湖南自治运动等,费力不少但效果不大;曾主张湖南自立为国,直接与世界有觉悟之民族携手,但知音绝少,多数人难以理解和接受;各种改良主义的设想虽被提出,但是都没有根本的大影响和大改变。由此,他认识到:当时的湖南和全中国,"政治界暮气巳〈已〉深,腐败已甚,政治改良一涂,可谓绝无希望。吾人惟有不理一切,另辟道路,另造环境一法"。①

这封信可以说是毛泽东对道路和主义问题的深度清算,他清理了自己长期以来坚持的社会改良主义思想和无血革命、呼声革命的道路,决定重新开辟新的道路;在清算改良主义思想和温和革命主张的同时,他还总结了自己领导的自治运动失败的重要原因,这就是大多数民众觉悟不高,脑筋不清,犹在睡梦,没有积极参与,不能理解自治运动的目标,莫名其妙,甚或大惊小怪,诧为奇离。为什么出现这样的情形呢?关键就在于,此前的做法和主张缺乏科学理论的指导,提出的对策是一种改良主义的措施,不能从根本上改变当时的社会状况,因而不能唤起民众。

第二封是给欧阳泽的复信,欧阳泽在前信中针对新民学会的发展提出了"共同的精神四项",其中很重要的一点就是会员之间必须有一种理性的爱,而非单纯感情的爱。所以毛泽东的复信便围绕新民学会未来发展的问题明确提出,要确立改造中国与世界的远大目标,建立以主义为引领的政治组织。

他提出:不仅要联络全中国的同志,而且要联络全世界的同志,以道义(实际上也就是"主义")为中心,以"共谋解决人类各种问题"为目的;为了达到这个目的,必须要把基础打好,要潜在下功夫,不能大肆张扬而不注重实行。

这个主张,实际上也就是奋斗目标和发展视野上的清理和调整,就是要打破过去坚持的零星解决、局限于一省一地搞局部改良的目

---

① 《新民学会资料》,人民出版社1980年版,第75—76页。

标，转而确立改造中国和世界、解放全人类的远大目标。为此目标，必须坚持联合全中国和全世界同志的国际主义精神，而不是封闭自守的、桃花源式的地方"门罗主义"。

他还明确提出，要把新民学会建成一个以主义为中心、团结真同志、做好坚实基础的牢固团体，这实际上也就是要建立一个以主义为引领的政党组织，这个认识是毛泽东对以往社会政治实践中，依靠学术组织、学生团体和民间组织，而不是通过政治组织来领导群众做法的一种反思和超越。①

第三封是给罗章龙的复信，罗章龙是毛泽东以"二十八画生"为名公开征得的朋友，由于两人交情颇深，且罗章龙来信中"耀灵急节，岁月易逝，无法可以挽回；况学术思想，节节僵化，更不可不注意"两句切中毛泽东多年来处境，让他"不寒而栗"，因此六封中此信篇幅较大，比较全面地展示了毛泽东的自我思想清算，在思想、组织等方面提出了如下主张。②

明确提出了不赞同改良主义的思想和方法。他说："我虽然不反对零碎解决，但我不赞成没有主义头痛医头脚痛医脚的解决。"这是他对驱张运动和自治运动中所主张和尝试的改良主义实践的深刻反思和彻底清算。

明确提出了"主义"的至关重要性。他说："尤其要有一种为大家共同信守的'主义'，没有主义，是造不成空气的。我想我们学会，不可徒然做人的聚集，感情的结合，要变为主义的结合才好。主

---

① 《新民学会资料》，人民出版社1980年版，第84－85页。
② 《新民学会资料》，人民出版社1980年版，第96－98页。

义譬如一面旗子，旗子立起了，大家才有所指望，才知所趋赴。"这不仅表明了他对马克思主义的坚信，同时也是他对胡适"多研究些问题、少谈些主义"的实验主义思想的彻底清理。

明确提出通过彻底改造世界的社会革命来解放全人类的远大目标。他指出，他和新民学会的奋斗目标绝不只是一种零碎的解决，而是一种根本的大改造，是要"与世界有觉悟的民族直接携手，共为世界的大改造"。这种彻底革命的思想，无疑是对曾经主张的社会改良、温和革命的一种清理和扬弃。当然，毛泽东不是彻底抛弃合法斗争和政治改良，而是把它们纳入新的主张当中，作为无产阶级彻底革命的一种策略手段而非根本手段。基于这种认识，他站在社会革命的角度对自己所领导的驱张运动和自治运动做出了新的解释，认为"这实是进于总解决的一个紧要手段，而非和有些人所谓零碎解决实则是不痛不痒的解决相同"。

明确提出要改革教育的内容，通过新思想来改造人们的思想观念，使之达到思想觉悟和独立。他以激烈的口气说道："我于湖南教育只有两个希望：一个是希望至今还存在的一班造孽的教育家死尽，这个希望是做不到的。一个是希望学生自决，我唯一的希望在此。怪不得人家说'湖南学生的思想幼稚'（沈仲九的话），从来没有人供给过他们以思想，也没有自决的想将自己的思想开发过，思想怎么会不幼稚呢？"这虽则是对湖南教育界和思想界的批评，同时也是毛泽东对自己长期以来坚持的非马克思主义思想主张的反思和检讨，因为在那些没有给湖南学生供给过真正科学思想的人当中，他也算是其中一个，毕竟他在这两年多的时间里在湖南思想界是颇为活跃的明星。

第四封是给李思安的复信，李思安也是一位进步女性，是"驱张运动"的赴京代表之一,当时正在新加坡的南洋女子中学任职,是毛泽东的支持者,文化书社创立时,她曾寄款 80 元资助。李思安写信给毛泽东时,是 1920 年 8 月 19 日,也即自治运动即将全面展开之际。此时她对湖南改造的建议仍是呼声革命,是以文章推动改造,因而望毛泽东"在这时候快些做几篇文章,将改造湖南的意见大大的发表。乘得一班'伟人'们的势子尚未十分巩固。不然,时机一失,难再得了"①。

毛泽东在领导自治运动期间也确实像李思安所建议的那样,在短短一个月的时间内就撰写了 14 篇文章,奔忙到无暇回复,等到复信时,呼声革命却已破产近一个月了。无情的事实让毛泽东彻底明白,正如马克思早就指出的,"批判的武器当然不能代替武器的批判,物质的力量只能用物质的力量来摧毁"。②故而,在这封复信中,他特别强调"实际改造",即革命行动的极端重要性。③

明确提出要放弃温和革命、呼声革命、无血革命等改良主义思想,用社会革命的方法来改造社会,而这种社会革命必须要有长远眼光和远大理想,要经过精心准备和长期努力,绝不能渴望一蹴而就。

毛泽东在信中也反思道:"湖南须有一些志士从事实际的改造,你莫以为是几篇文章所能弄得好的。……对付他们的法子,最好是不理他们,由我们另想办法,另造环境,长期的预备,精密的计划。实力养成了,效果自然会见,倒不必和他们争一日的长短。"言中之意

---

① 《新民学会资料》,人民出版社 1980 年版,第 104 页。
② 《马克思恩格斯文集》第 1 卷,人民出版社 2009 年版,第 11 页。
③ 《新民学会资料》,人民出版社 1980 年版,第 104 - 105 页。

就是做长期准备和积累，进行彻底革命。

第五封是给张国基的复信[①]，张国基是毛泽东在湖南省立第一师范的同学，也是日后的同志，在给他的复信中毛泽东对自己曾经提倡的画地为牢、封闭自治的思想进行清理，明确提出必须要树立世界主义即国际主义思想，反对帝国主义的殖民主义政策，帮助和解放落后地区的劳苦大众，达到解放全人类的"世界大同"。

当时有一些湖南人到南洋等落后地区发展，毛泽东认为一定要采取世界主义的态度，反对殖民主义的政策。他指出，世界主义就是要在发展自己的同时也要发展别人，达到世界共同解放共同发展的目的，而殖民主义政策则是损人利己的政策，是绝对不行的——"世界主义，愿自己好，也愿别人好，质言之，即愿大家好的主义。殖民政策，只愿自己好，不愿别人好，质言之，即损人利己的政策。"

树立这种国际主义态度去帮助南洋地区的人们，其根本目标就是要实现全人类的解放，"拯数千万无告之人民出水火而登衽席"，实现"世界大同"的理想。

第六封是给罗学瓒的复信[②]。罗学瓒也是毛泽东的一师同学，他在给毛泽东的去信中提到了中国人在思想上、认识上的四种病，一是"感情迷"，即"无论处事接物，都拿感情好恶来判定事物之是非"；二是"部分迷"，即"无普遍的观察，总是挪一部分推断全体"；三是"一时迷"，即"无因果的观察，总是拿一时现象，推断结局"；四是"主观迷"，即"不观察对象的事实，每以主观所有去

[①] 《新民学会资料》，人民出版社1980年版，第110－111页。
[②] 《新民学会资料》，人民出版社1980年版，第119－121页。

笼罩一切"。①应该说，罗学瓒的这四点概括是很有道理的，这四种迷中的第一点和第四点属于主观主义错误，第二点和第三点是缺乏普遍性和历史性的形而上学错误。

毛泽东读后，认为说理透彻，恨不能将其"印刷四万万张，遍中国人每人给一张就好"，为此他作了六封中最长的一封信。信中毛泽东特别强调了不可拿感情来论事这一点，反思自己"颇不能免"，"常觉得有站在言论界上的人我不佩服他，或发见他人格上有缺点，他发出来的议论，我便有些不大信用。以人废言，我自知这是我一个短处"，简单地说就是常常以感情好恶来判断他人的思想。这一点其实也是对他此前因个人情感而推崇实验主义的检讨。

其实，毛泽东对实验主义的推崇，在一定程度上就同他对实验主义的倡导者胡适的个人感情有很大关系，而这里对自己这个缺点的揭示，在一定程度上也可以说是他对实验主义告别的一个体现。

就在毛泽东撰写上面这些书信进行思想清理的同时，他也征得了新民学会成员的同意，开始整理新民学会会员之间的通信。在编辑的过程中，他不仅对会员的信件做了品读、筛选，在大多数信件前面写了提纲挈领式的内容提要，还写了出版通信集的启事、通信集发刊的意思、条例及《通信集》第二集的序。尤其是对第二集中易礼容给他和彭璜的信件，毛泽东在信后写了很长一段的按语。②

这些文献也体现了毛泽东思想清理的情况，特别是毛泽东所写的

---

① 参见《新民学会资料》，人民出版社1980年版，第116-117页。
② 这个按语在《新民学会资料》中附在易礼容的书信后面，编者给加了《毛泽东按》的题名，见该书第91-92页。在《毛泽东早期文稿》中，该按语以《"驱张"、"自治"与我们的根本主张》为题列为单篇。

这个按语，集中对"驱张运动"和湖南人民自治运动的情况做了反思和总结，再次表明放弃社会改良主义思想，确立改造中国与世界的远大目标，选择"根本改造"的社会革命道路，同时也站在新的角度对合法斗争的意义和适用范围做了界定，并讲到了为了实现对社会的根本改造必须建立对应的组织，即"如蔡和森所主张的共产党"。

文中讲到"驱张运动"和自治运动时明确说道：这两个运动不是真正意义上的政治运动，都只是应付目前环境的一种权宜之计，绝不是他所追求的根本主张，他的主张远在这些运动之上，是根本改造中国与世界的真正的社会革命。

新旧思想转换的重要关节点

上面的分析表明,在 1920 年 11 月底,毛泽东深刻反思了自己长时间以来(特别是两年多来)的社会政治实践和思想发展历程,对自己的思想进行了一次全面彻底的自我清算。这个清算是青年毛泽东思想转变过程中一个承上启下的关键环节,一个新旧思想转换的重要转折点,既是旧思想结束的标志,也是新思想形成的标志。其重要意义有如下几点。

第一,以扎实的思想理论和社会实践为基础的思想清算。

青年毛泽东有着惊人的学习精神,以过人的毅力学习和吸收自己能够接触到的各种知识信息和思想理论。在湖南省立第一师范读书和毕业后两年多的时间里,他本着修身储能的态度先后学习吸收了中国传统文化、社会改良主义、资产阶级启蒙思想、社会民主主义、无政府主义、二元论哲学、空想社会主义、实验主义、新村主义、工读主义、马克思列宁主义等各种思想理论,这使得他能够对这些不同的思想理论有全面的比较和选择。显然,知识结构中的知识信息越是复杂多样,他就越有比较选择的基础和空间,在实践经历和思想发展的关键时期就越有自我清算的愿望和条件。

例如，在1920年3月，当驱张运动遭遇到曲折之后，他就急切希望"将中外古今的学说刺〈剌〉取精华，使他们各构成一个明了的概念。有工夫能将所刺〈剌〉取的编成一本书，更好"。[①] 而在湖南人民自治运动失败之后，他也是在对这些思想理论比较选择的基础上，迅速实现了思想的自我清算。

在这次思想清算的过程中，社会实践和思想理论都是重要基础。

以社会实践而言，在思想清算之前，他亲身经历了各种主义的实践。正是经过这些丰富的实践，各种非马克思主义理论的局限性都充分暴露出来，被实践证明是无效的、不可靠的，而马克思列宁主义的科学真理性则鲜明地体现出来，被实践证明是最适合中国实际、最能解决中国实践问题的行动指南。这就促使他义无反顾地放弃那些非马克思主义的理论，而毫不动摇地确立对马克思主义的坚定信仰。

以思想理论而言，在思想清算的前夕，他认真研读了马克思列宁主义的一些基本著作，深入理解马克思列宁主义的思想精髓，进行了初步的马克思列宁主义的宣传、组织等实践。这些深入的理论学习和初步的马克思主义实践，使他在理论上对马克思主义的把握更加深刻，理解更加透彻，认识到只有马克思列宁主义才是改造中国和世界的科学理论。于是，他义无反顾地放弃非马克思主义思想，对马克思主义的信仰也更加坚定不移。

第二，全面彻底的、总体系统性的深度思想清理。

在领导湖南人民自治运动之前，毛泽东已经进行过多次规模不等

---

① 《毛泽东早期文稿》，湖南人民出版社2013年版，第428页。

的实验尝试和社会实践，诸如湖南省立第一师范期间的游学活动、夜学教育活动，一师毕业后的五四运动、问题研究会的规划和尝试、新村主义设计和实验、工读主义实践、驱张运动实践等。每一次活动于他都是一次思想的体验和检视，而每一次活动之后他都会有理论上的反思和审视。

但总的来说，上述这些实践都有特殊的局限性：或者是个人性的活动，或者是局部性的活动，或者是某种范围内的活动，或者是没有完成的活动，而不是全面性的、总体性的、群众性的社会政治活动，这些实践对他的思想检验也不是全面的而往往是某一方面的，对思想上的检视和清理也往往是零星的和局部的。

而这次思想清算前的湖南人民自治运动是毛泽东"将工人第一次政治地组织起来"所开展的全面性的社会政治活动，同时这也是他将思想结构中的各种主义、理论充分展示出来，在实践中广泛验证的一次活动。在这次实践活动中，马克思列宁主义、十月革命的成功经验、空想社会主义、无政府主义、社会改良主义等都有所体现。正因如此，毛泽东在湖南人民自治运动失败后的理论反思和思想清算更加全面，也更加彻底。

他的这次思想清算，不是零星的、单方面的、肤浅的、就事论事的清算，而是彻底的、全面的、深刻的、总体性的思想结构上的颠覆性清理。也正是因为对旧思想清理的彻底全面性，他对新思想（即马克思主义）的信仰才更加毫不动摇。

第三，思想转变过程中的一个重要转折点。

这次思想清算是毛泽东思想发展历程上的一个承上启下的关键环节，在彻底清理旧思想的同时，确立了新的思想发展的方向和选择。

在哲学世界观上，清理了二元论哲学和圣贤救世历史观的影响，批判了唯心主义和形而上学的思想。

在主导思想上，深度清算了曾经占据思想结构主导地位的改良主义、空想主义、无政府主义、实验主义等思想，对没有主义头痛医头、脚痛医脚的做法坚决否定。

在奋斗目标上，清理了过去曾经坚持的零星解决、局部改良的目标，明确提出通过彻底改造世界的社会革命来解放全人类的远大目标。

在革命道路问题上，清理了无血革命、呼声革命、教育革命等的温和革命主张，明确提出要不理一切，另辟道路，另造环境。

在政治运动的组织领导上，打破了依靠学术组织、群众组织领导的思想，明确提出要建立一个以主义为引领的政党组织。

在问题和主义的关系上，对自己推崇胡适"多研究些问题、少谈些主义"的实验主义问题论倾向彻底清理，明确提出"主义"的至关重要性。

在斗争方式上，清理了过度依赖理论批判、集会游行、上书请愿等合法斗争方式的思想，坚定了根本改造、彻底革命的思想。

在发展视野和实践空间上，清除了曾经提倡的画地为牢、封闭自治的思想，明确提出必须树立国际主义、反对殖民主义。

也就是说，这次全面彻底的思想清理，既标志着旧的思想结构的终结，也标志着新的思想结构的开始，既是对旧的思想结构的解构，也是对新的思想结构的建构。

当然，在理解毛泽东的思想自我清算和新的思想建构时，必须坚持历史的、辩证的态度。

一方面，思想清理是一个扬弃的过程。清理不正确的思想，并不是把这些思想要素从头脑中彻底抛开，完全丢掉，而是在新的思想结构中对它们进行重新定位，将其作为知识信息成为新的思想结构的组成部分，获得新的意义和价值。举例而言，中国传统文化思想即作为一种思想被沉淀整合到以马克思主义为导向的思想结构当中，在马克思主义的观照下获得新的解释，并为建构中国化马克思主义提供思想资源；合法斗争思想被清算之后也并非自此抛弃，而是被整合纳入无产阶级革命思想的体系当中，作为一种必要的斗争方式而存在；"问题论"思想被清算之后，绝不是以后不再研究和关注问题了，而是要将其纳入马克思主义的思想框架，成为马克思主义实事求是思维的重要方面；至于空想社会主义，在其中的空想因素被荡涤之后，留下的批判精神和理想建构则转化为无产阶级革命思想的有机组成部分……

另一方面，新的思想建构是一个历史的过程。这意味着，毛泽东的新思想体系并非一蹴而就。事实上，所谓思想结构的重新建构，是在主导思想发生根本转换之后，在新的主导思想的指导下，对各种思想要素进行重组，形成一种新的思想结构。也就是说，新的思想、新的选择在思想清理之时，不一定非常明确，更不一定非常完善，可能有的方面已经很明确，有的只是一个萌芽，而有的则只是一个方向。所以，只有当思想转换彻底完成，新的思想结构经过一段时期的发展，毛泽东全新的思想体系才会逐步完善起来。

湖南人民自治运动实践受挫之后，毛泽东彻底认清了非马克思主义思想的局限性和危害性，在短时间内对自己的思想在哲学世界观、主导思想、奋斗目标、革命道路问题、政治运动的组织领导、问题和主义的关系、斗争方式、发展视野和实践空间等方面，进行了一次彻底的自我清算。

这种思想上的自我清算，是青年毛泽东思想转变过程中一个承上启下的关键环节，既标志着旧的思想结构的终结，也标志着新的思想结构的开始，既是对旧的思想结构的解构，也是对新的思想结构的建构。经过思想清算之后，他更加深刻认识了马克思主义的科学真理性，更加坚定了对马克思主义的信仰，毫不犹豫地走上了马克思主义的道路，成为中国早期马克思主义者的杰出代表。

第9章

实现转变：
成为坚定的马克思主义者

中国思想界的裂变与新民学会的分化

思想转变后的重大选择

在马克思主义的道路上开拓前进

1920年夏天开始，毛泽东初步确立了马克思主义信仰。1920年11月底，他完成了思想上的自我清算，清理了思想中的非马克思主义因素。

1920年底到1921年初，毛泽东的思想转变成功实现。自此，他站在马克思列宁主义的立场上来观察和分析问题，坚持马克思列宁主义为根本指导思想，确立了共产主义和科学社会主义的远大理想，坚持走无产阶级革命和无产阶级专政的道路，把建立中国共产党作为中国革命的紧迫任务，在政治信仰上做出了重大的全新的选择，完成了自身的马克思主义化，成为一个坚定的马克思主义者。

从此以后，他便在马克思主义的大道上不断开拓前进，逐步成为中国人民的伟大领袖，伟大的无产阶级革命家、战略家、理论家，领导中国人民取得一个又一个伟大胜利。在领导党和人民进行长期的革命战争和社会主义建设实践中，他创造性地把马克思主义普遍真理同中国具体实际结合起来，创立并不断发展中国化马克思主义的第一个重大理论创新成果——毛泽东思想，成功实现并不断推进马克思主义中国化的第一次历史性飞跃。

中国思想界的裂变与新民学会的分化

毛泽东的思想转变,既是个人社会实践和理论自觉的结果,也是中国社会客观实践推动的结果,体现了个人思想发展的主观逻辑与社会历史发展的客观逻辑的有机统一。研究毛泽东个人思想转变的实现,不能不对他亲身经历的五四运动后期中国社会思想的裂变,以及他所直接领导的新民学会内部思想分化的情况有一个简单的分析。

(一)思想界的裂变与"改造中国"的呼声

毛泽东的思想转变过程,是当时中国思想界发展的一个缩影。五四运动后期,中国思想界出现了一次大裂变,这种思想大裂变乃是当时中国思想发展进程和社会历史实践的必然结果,构成了毛泽东个人思想转变的客观背景。

五四运动前期的中国思想界,在反封建这一共同的历史任务面前达成了共识,那就是从国外引进各种具有反封建意义的新理论、新思想、新主义,猛烈地批判封建专制制度和封建主义文化。在这种共识下,改良主义、民主主义、资产阶级启蒙思想、无政府主义、空想社会主义，以及包括科学社会主义在内的各种社会主义思潮等各种各样的思想理论都并存于中国思想领域，中国思想界一时间呈现极其繁荣活跃又极其混杂无序的状态。

但是，这种以反封建为核心的思想共识，本身就包含着分裂的种子。外来的各种新思想、新文化，虽然在反封建这一目标上存在共同性，但是在理论来源、社会基础、时代背景、理论属性、阶级实质、实践方向等方面都存在着巨大的差异性，有些则是根本对立的。这导致各种新思想、新文化长时间和谐共处是不可能的，当它们作为统一战线初步完成共同任务之后，彼此的冲突必然会爆发出来，思想界的分裂难以避免。

事实正是如此，当五四运动的直接目标有了结果（代表拒绝签字，政府罢免了曹汝霖、陆宗舆、章宗祥）之后，运动中的统一战线迅速分裂，运动中的主体力量迅速分化。

思想界的分歧突出地体现在"改造中国"这个问题上。

1919年6月11日，陈独秀在《北京市民宣言》中提出了"根本改造"的口号。口号一经提出，立刻引起了强烈反响。一时之间，根本改造中国社会的呼声响彻大江南北。

7月1日，上海工界代表在国民大会上提出：救国必须从根本解决，就是要推翻卖国政府，另起炉灶，组织新政府。周恩来在8月6日发表的《黑暗势力》中提出要推翻安福派[①]，推翻军阀政府，推翻

---

① 安福派即安福系，是北洋军阀时期依附于皖系军阀的官僚政客集团，因其成立地及活动地均在安福胡同，故名安福系。1918年8月的新国会选举中，安福系以非法手段操纵选举，400名议员中300多人为安福系成员。

外来势力。恽代英在7月1日的《大家起来推翻安福系》中也提出同样的主张。

毛泽东也高举思想解放的大旗，在《湘江评论》中大喊"天不要怕，鬼不要怕，死人不要怕，官僚不要怕，军阀不要怕，资本家不要怕"，"天下者我们的天下。国家者我们的国家。社会者我们的社会。我们不说，谁说？我们不干，谁干？"提出要通过全国民众的大联合，实现"思想的解放，政治的解放，经济的解放，男女的解放，教育的解放"，把中华民族建成一个"黄金的世界"，一个"光华灿烂的世界"。

从以上事例可以看出，当时知识界反对封建主义、反抗军阀统治、改造中国现状的呼声是比较一致的。但是，确立什么样的改造方案，成为知识界分歧的焦点。因为谈到改造方案，就会出现几个无法回避的问题：改造到什么程度（即改造的目标是什么）？如何改造（即改造的道路和方法是什么）？靠谁来改造（即改造的领导力量和依靠力量是什么）？

改造方案的选择就是寻求新的社会制度设计和思想理论支撑，核心就是寻求根本指导思想、行动指南，即"主义"的选择。正是在这个问题上，思想界出现了严重分化。

分裂首先体现在马克思主义同自由主义之间。以陈独秀、李大钊等为代表的早期共产主义者，以马克思列宁主义来观照中国和世界大势，认为中国传统的社会政治文化结构以及初创的民主政治体制和变革中的思想结构，都必须在一种总体性的、彻底的革命中进行"根本的改造"和重建，唯此才能谋得中华民族的自存和复兴。在自由主义派的知识分子中，胡适及其所主张的实验主义占有极大的分量，五四运动之后，实验主义者实际上成为中国自由主义阵营的首脑。除了胡适，自由主义阵营中还有蔡元培、蒋百里、吴稚晖、高一涵、陶孟和以及严复、章士钊等，尽管他们主张不尽相同，但是大体都属于追求制度化民主的人物，在行动上基本上都是主张渐进式的改良而不是马克思主义式的激烈的革命。

在此之外，以梁启超、张东荪、张君劢、蓝公武等为代表的进步党人士，在当时的思想界影响也是非常大的，因为他们大都是著名的学界人物和政界人物，有很强的学术号召力和政治影响力。这一派人物，大都接受罗素的基尔特社会主义，反对马克思列宁主义的科学社会主义。在社会主义论战中，他们同李大钊等共产主义者进行了激烈的思想交锋。

几派分歧的主要点在于道路的选择、制度的选择、行动方案的选择，由此出现了对主义选择、对政治方向选择上的分裂。一时之间，中国传统文化与外来文化之间、各种外来资产阶级文化思潮之间、中国传统文化与各种外来资产阶级文化同马克思列宁主义之间的相互交织、交叉并存、相互冲突、相互交锋，构成了中国五四运动之后的文化图景。其中以问题与主义论战、社会主义论战、社会主义同无政府主义的论战等最为典型。

青年毛泽东就是在这样的思想背景下开始思想结构转变。由于当时思想界的分裂是如此激烈，所以毛泽东同当时很多年轻的思想家一样，要经历短时间内激烈的思想交锋和深刻的思想自我清算，在这种交锋和清算中，确定自己的思想方向和行动方向。毛泽东思想发展的这种历程和特征，也正是马克思主义在中国的早期发展的集中体现。思想交锋和理论斗争，是马克思主义发展的基本规律，也是马克思主义中国化的基本路径。从一开始，中国的马克思主义就是在同各种非马克思主义思想理论之间的斗争中，逐步扩大影响、赢得群众的。

（二）新民学会的内部分化及组织终结

随着思想界裂变的展开，新民学会内部的思想分化也不可避免地发生了。这种分化既是毛泽东思想转变的重要原因，同时也是其思想转变的直接体现，因为这个分化首先就是在新民学会的领导核心，即毛泽东、蔡和森和萧子升这三名新民学会的缔造者之间展开的。毛泽东和蔡和森代表了这个分化的一个方向即马克思列宁主义的方向，而萧子升则代表了另一个方向即社会改良主义的方向。分化完全公开之际，正是毛泽东思想转变彻底完成之时，新民学会也从此完成了自己的使命而终结。

如前所述，1918年4月，新民学会在毛泽东、萧子升、蔡和森等领导下成立。成立之初，新民学会更多地注重个人品行的修养和学术思想的进步，是一个比较纯粹的学术团体，对于改造社会、从事政治活动的意向并不明确。但是，学会成立不久，毛泽东和蔡和森就开始突破最初的宗旨，为新民学会谋求新的发展方向。

1918年7月26日，毛泽东致信蔡和森。此时，毛泽东已从湖南省立第一师范毕业，暂时留在长沙，而蔡和森则和萧子升一起，为新民学会会员赴法勤工俭学前往北京，故此，毛泽东就新民学会的发展方向、组织活动等问题写了一封长信。蔡和森在回信中表示，要在三年之内把新民学会建设成中国政治的一个中心，而不是走那种远离政治的路子，他认为毛泽东有匡扶天下的理想和能力，应该走向社会政治运动当中。

于是，抱着改造中国、救国救民的远大理想和抱负，毛泽东、蔡和森、萧子升分别以不同的方式，探索改造中国与世界的道路。毛泽东支持蔡、萧等新民学会会员赴法勤工俭学，自己则选择留在国内，独立领导了湖南的驱张运动和自治运动，并进行深入的理论研究和思考。蔡、萧等人到法国之后，也大量研读各种新思想，认真思考改造中国与世界的问题。虽然远隔重洋，几人还是保持着书信往来。

就是在离开长沙后的几年中，蔡和森和萧子升的思想有了分歧。蔡和森在1918年到北京后，就对马克思列宁主义和十月革命问题有所了解并高度赞同；1920年，初到法国不久，他就以惊人的毅力，学习和吸收马克思列宁主义的基本著作和国际共产主义运动基本思想。1920年5月28日，蔡和森致信毛泽东，初步分析了社会民主主义的实质，看到了它同马克思列宁主义的区别。

与此同时，萧子升在法国也大量阅读包括俄国革命在内的相关资料，并在1920年3月致信毛泽东，提出到俄国留学的想法，但此时的他更倾向改良主义理论。毛泽东在这个时候虽然已经开始对改良主义有所怀疑，但尚未最终放弃，并正在领导带有浓厚改良主义色彩的驱张运动，彼时二人的思想还是有相通之处的。

蔡和森和萧子升的分歧，其实也是赴法勤工俭学的新民学会会员思想分歧的缩影，经过一段时间的研究，随着会员们思想认识和理论思考不断深入，这种分歧越来越大，最终达到必须坐下来进行严肃、深入交流的程度。

于是，1920年7月5日至10日，留法的新民学会会员在蒙达尼召开会议。会议中，围绕改造中国与世界的道路选择问题，以蔡和森为代表的"激烈派"同以萧子升为代表的"温和派"展开了激烈争论。在难以达成一致意见的情况下，会议决定由蔡、萧二人将两种意见写信给国内的毛泽东。于是，8月13日，9月16日，蔡和森给毛泽东写了两封信，介绍了自己的主张；8月初，萧子升给毛泽东发来了一封长信，介绍蒙达尼会议的情况和自己的主张；8月28日，李维汉也给毛泽东发来了一封信，谈论自己的看法。

蔡和森在8月13日的信中，论述了世界大势和中国革命问题，特别论述了无产阶级革命和无产阶级专政的思想，明确提出要走俄国革命的道路，坚持马克思列宁主义的指导，建立中国共产党。他在信中提出要旗帜鲜明地建立一个"主义明确方法得当和俄一致"的共产党，并希望毛泽东开始着手准备建党工作。

在9月16日的信中，蔡和森再次讨论马克思主义和建立中国共产党的事情，指出，马克思主义的唯物史观是同有产阶级的唯心主义对立的、无产阶级的唯物主义的思想，它的产生是人类"思想史上的一桩大喜事"。他还以唯物史观为出发点，认清了俄国革命的指导思想同第二国际修正主义的根本区别：俄国革命的指导思想和出发点是马克思主义的唯物史观，其方法是阶级斗争和无产阶级专政，其根本目的是实现共产主义和无阶级社会；第二国际修正主义的指导思想和出发点则是修正派的社会主义和社会民主主义思想，其方法则是同帝国主义政府合作，最终结果是延长了资本主义的寿命。在详细介绍了共产国际及世界各国共产党发展的盛况之后，蔡和森提出，中国不组织同俄国共产党一样的中国共产党，就不能取得胜利，因此要"明目张胆正式成立一个中国共产党"。[1]

---

[1] 《新民学会资料》，人民出版社1980年版，第153 – 162页。

这两封信清楚地表明，蔡和森已经彻底完成思想转变，成为一个坚定的马克思主义者，一个坚定的共产主义战士。

而萧子升在1920年8月初给毛泽东的信中，表明了他同蔡和森的分歧，主张无政府主义，不主张无产阶级专政，坚持温和革命即以教育为工具的革命，走改良主义的道路，反对走马克思列宁主义的革命道路。[①]

从这些信中可以看出，在法新民学会会员内部的这些争论，同前文毛泽东自己在自我清算过程中所涉及的几个关键性问题是一致的，那就是：主导思想是什么，根本目标是什么，具体道路是什么，具体步骤是什么。

这几个问题不是一般性的学术问题，也不是个人修养上的问题，而是关于根本理论、政治信仰的大问题，对这些问题的不同选择和回答，从中国革命的角度来讲，关系到中国革命的道路选择和未来发展方向；从思想家个人来讲，则表明了他们的世界观和政治信仰问题。

收到蔡、萧的信件之时，正是毛泽东在湖南人民自治运动失败之后进行理论反思和思想清理之时，在法新民学会会员之间的思想分化无疑对他有很大的触动，同时也促进了他本人的思想转变。

正如在法新民学会会员思想出现分化，在国内的新民学会会员也出现了分化。为此，1921年元旦，毛泽东召集在长沙的新民学会会员举行新年大会，讨论蒙达尼会议的三个问题。会议上，毛泽东、何叔衡等大部分会员选择了马克思主义，决定走十月革命的道路，而另外少数人则选择了温和的改良主义或自由主义的道路。

[①] 《新民学会资料》，人民出版社1980年版，第133-143页。

由此，新民学会完成了自己的使命，走向分裂。

对此，新民学会会员陈书农回忆说："1921年夏季，新民学会自行解散，在解散之前，毛泽东同志同萧子升曾发生过争论。毛泽东对萧子升说：'你跟我们走，还是要当一辈子绅士？'毛泽东同志主张解散新民学会，萧子升不同意。"①

罗章龙回忆中说："1921年，党的一大后，新民学会停止活动，不再存在了。一部分同志参加了中国共产党，一部分年轻的会员转到共青团里面工作了。"②

作为新民学会主要缔造者之一的萧子升，对此也有回忆，他不无伤感地感叹道："1921年，新民学会分裂为两个截然不同的组织，较大的一个是百分之百的共产党人，在毛泽东领导下，成为湖南的共产党。"③

当然，由于新民学会从一开始就是一个进步的青年学术团体，会员们尽管在政治思想上主张不同，但在爱国主义、个人修养等方面对自己都是非常严格的，因此学会解体之后，绝大多数会员都在不同的岗位上为中国的社会发展做出了自己的贡献。

据《湖南党史月刊》1988年第4期《新民学会会员介绍》记载，新民学会会员有31人在建党初期和大革命时期加入中国共产党，成为中共早期党员，他们大多在革命战争中为中国人民解放事业献出了年轻的生命；有30多人长期从事教育、科学和文化事业，一

---

① 《新民学会资料》，人民出版社1980年版，第477页。
② 《新民学会资料》，人民出版社1980年版，第504页。
③ 萧瑜：《毛泽东和我的游学经历》，载刘统编注：《早年毛泽东：传记、史料与回忆》，生活·读书·新知三联书店2011年版，第411页。

些人在新中国成立后成为新中国文化教育事业的重要力量。

（三）思想转变的时间和标志

毛泽东思想转变完成的时间为 1920 年 12 月前后，其基本文献依据是：毛泽东 1920 年 12 月 1 日给蔡和森的信；其编辑《新民学会会员通信集》时的特殊处理方式；1921 年元旦在新民学会长沙会议的发言；1921 年 1 月 21 日给蔡和森的信；1921 年 1 月 28 日给彭璜的信。

毛泽东在 12 月 1 日的信中，明确提出坚持马克思、列宁的方法，彻底放弃自由主义、无政府主义、社会改良主义；坚持改造中国与世界的方针，确立通过社会革命解放中国和世界人民的远大目标；把中国革命同世界社会主义革命运动联系起来，选择走俄国十月革命即无产阶级革命的道路；完全赞同组织共产党，实行无产阶级专政。

在 1921 年元旦召开的新民学会新年大会上，他把自己的这些观点完全公开，并表示必须深入研究社会主义理论，表明了自己对马克思主义的坚定信仰。

在 1921 年 1 月 21 日的信中，他明确提出"唯物史观是吾党哲学的根据"，要高高举起马克思主义的旗帜推进建党工作，并再次强调必须走无产阶级革命道路，坚持无产阶级专政。

在 1921 年 1 月 28 日的信中，他明确提出"主义之争，出于不得不争"，旗帜鲜明地捍卫自己所信仰的马克思列宁主义。

毛泽东在编辑《新民学会会员通信集》中的特殊处理方式，也表明他对自己思想的彻底转变是高度自觉的。他把自己世界观转变之前的通信都编在了第一集和第二集当中，而与他世界观转变密切相关的信件则编在第三集当中。在第三集的序言中,他专门提到了第三集的内容以讨论共产主义为重点,虽然信件不多,但是颇有精义。而且,第三集中的7封信都涉及马克思主义、共产主义、俄国道路、共产党等问题,这些问题正是他确立的新世界观的核心。第三集编写的时间同第一集和第二集虽然有一点儿差别,但是编入其中的蔡和森5月、8月信件,以及萧子升、李维汉的8月来信,实际上在第一集和第二集编写之前就已经收到,而给蔡和森的两封信则是他在世界观完全转变之后写的。这些均表明,在整理编辑信件时,毛泽东是认真斟酌过的,第三集实际上也就是他彻底完成思想转变的一种体现和宣示。

此外,值得注意的是,他在第三集之前写的《新民学会紧要启事》,也反映了他对自己世界观转变以及新民学会分裂的思想自觉。启事中毛泽东既强调了新民学会的根本宗旨是"同人结合,以互助互勉为鹄[①]",但是,他也意识到,此时会员之间的思想分化已经公开,"同人结合""互助互勉"的根本基础即主义共识已经分裂,在这种情况下,学会的更新或者解散就是不可避免的了。为此,毛泽东在启事中,实际上明确指出了这个分裂,说有的会员对学会的精神"未能了解",说有五种人应该是从学会中开除的,而判断的关键标准就是是否坚持学会的精神,即学会所坚持的主义,而这个主义也就是他和大多数会员已经确立和信仰的马克思主义。

[①] 鹄,gǔ〈书〉射箭的目标,箭靶子,引申为目标、目的。

思想转变后的重大选择

如果说,毛泽东在1920年11月下旬的几封信更多的是做了清算自己的旧思想、确立新思想的工作;那么,他在1920年12月及次年1月的信件,以及1921年新民学会新年大会上的发言等,就是公开自己对马克思主义的坚定信仰。

他明确主张:把社会主义和国际主义结合起来,以"改造中国与世界"作为根本方针和远大目标,这就是彻底革命的思想,是共产主义的远大理想;要走俄国十月革命的道路,进行无产阶级革命斗争,特别是暴力革命的途径;要建立革命组织、无产阶级革命政党,领导无产阶级革命斗争。这些主张标志着他在指导理论和政治信仰上做出了明确选择。

(一)根本目标:改造中国与世界的目标

这个问题的核心就是要把中国和世界引领到一个什么样的方向和目标上,涉及中国革命的历史方位以及未来中国的制度选择和发展方向。

早在湖南省立第一师范读书时,毛泽东就力求探讨"大本大源",从根本上而不是从枝节上思考问题,此时的他正从"圣贤救世"的角度来探索中国社会的发展之路。建立新民学会时,他和好朋友们则是把谋求"个人及全人类生活向上"作为理想追求。

经过五四运动的洗礼后,毛泽东摆脱了"圣贤救世"的思维,谋求更高、更现实的目标和道路。恰在此时,中国思想界也兴起了一股"根本改造"的思潮。陈独秀提出"根本之改造",李大钊提出"根本解决"。所谓根本解决,就是要彻底解决中国问题,实现彻底胜利,这就是要彻底地推翻封建军阀统治和帝国主义侵略,即完成新的民主主义革命。当时的新民学会提出"改造中国与世界"的方针,同这样的思想氛围是分不开的。

在这场关于根本改造的思潮中,毛泽东当然没有置身其外。1920年2月,他在给陶毅的信中指出:讲改造是必须的,但改造不能仅做空泛议论,不能只在思想理论上作个人的"冥想",必须要有明确的最终目标、具体道路和方法。

正因为有了这些思考,当新民学会蒙达尼会议提出"改造中国与世界"口号后,毛泽东迅速做出积极响应,并把它作为改造新民学会、解决中国问题的纲领,我们可以从这些方面来理解它。

第一,"改造中国与世界",是一个社会主义与国际主义相统一的纲领,强调要通过社会革命解放中国和世界人民。就是要通过革命和改造,把人民从腐败的中国和不平等的世界中解放出来,让所有人都过上好的生活,实现全人类的幸福,这就是马克思主义的科学社会主义的理想;实现这一理想不仅要在一个地方一个国家进行革命,而且要推动和帮助全世界的无产阶级和劳苦大众进行社会主义革命,这就要充分发扬国际主义的精神,把社会主义同国际主义有机结合起来。他提出,应该站在全世界、全人类的高度来看待问题,而不能为了某一部分、某一国家的私利,"忘却人类全体的幸福的事"。他特别强调,一定要高举国际主义的旗帜,这种国际主义(世界主义)同社会主义是相统一的,"这种世界主义……也就是所谓社会主义"。在这里,毛泽东已经抓住了马克思主义的一个基本原理,这就是《共产党宣言》中提出的"全世界无产者联合起来"的思想。

第二,"改造中国与世界"是一个爱国主义和国际主义相统一的纲领,强调要把中国革命纳入世界无产阶级革命的大格局中来看待。毛泽东对狭隘的爱国是持批评态度的,强调"不能只爱这一块地方而不爱别的地方"。1921年新年大会上,有部分会员对"改造中国与世界"有异议(如彭璜和陈启民就认为改造世界太宽泛,欧洲的事情中国人不能代庖),但毛泽东坚持原纲领,明确指出:提出"世界",表明我们的主张是国际的;提出"中国",是要表明我们的下手处;中国问题本来是世界的问题,从事中国改造不考虑世界改造,则所改造必为狭义,必妨碍世界。毛泽东这段话把中国革命纳入世界无产阶级革命的范围中,把爱国主义同国际主义统一起来,说明他已经初步把中国革命同世界革命有机结合,把中国的新民主主义革命同世界无产阶级革命有机结合,这个思想同列宁的思想是相符的。在日后的革命实践和思想发展中,毛泽东进一步完善了这个思想,形成了系统的中国新民主主义革命理论。

第三,"改造中国与世界",是一个长期目标与近期目标相统一的纲领,强调要把远大理想同立足实际有机结合起来。对传统文化有着丰厚积淀又接受并抓住马克思主义理论精髓的毛泽东,既反对空泛地谈论改造而不找下手处，又反对只关注眼前的、中国的事情而忽略了长远目标和世界大局。为此，他特别强调要把长远目标同近期下手处、把改造世界同改造中国结合起来。12月1日的信中，他一方面强调要从近期的、眼前的、中国的实际事情入手做起；另一方面，又不局限于眼下的中国，同时要面向未来、面向世界，帮助和推动世界其他地方的民族解放和社会主义革命。1921年新年大会上，他再次明确了着眼世界同立足脚下、远大理想同从实际出发的关系。

综上，通过对"改造中国与世界"的分析，毛泽东已经站在马克思列宁主义的立场上，初步对中国革命的未来方向和根本目标做出了回答。这就是，要通过社会主义革命解放中国和世界人民，实现社会主义和共产主义，实现全人类的幸福，在这个过程中必须把社会主义同国际主义，国际主义同爱国主义，长远目标同近期目标，远大理想同实际工作有机结合起来。

（二）指导思想：坚持马克思列宁主义指导

主义的问题，就是根本指导思想的问题。这是一个极端重要的旗帜和方向问题。

近代以来，中国不同政治力量为拯救中国，尝试过各种方案，做出了各种努力，但都没有获得最终的成功，一个重要的原因就在于缺乏科学理论的指导。

五四运动后，中国出现了一大批带有鲜明政治色彩的社团组织，但大部分都在短时间内解体或失去号召力，其根本原因也在于指导它们的理论缺乏科学性。毛泽东亲自领导的驱张运动和湖南自治运动，之所以没有获得成功，原因也在于把社会改良主义、无政府主义等作为指导理论。

选择一种理论作为改造中国的根本指导思想，是五四运动后中国思想界的共同追求。但在这个问题上，思想界出现严重分歧。仅社会主义思潮方面就五花八门，除了科学社会主义，各种社会主义思想都一股脑地融入思想界：如施蒂纳、蒲鲁东、巴枯宁、克鲁泡特金的无政府主义，武者小路实笃的新村主义，欧文的合作主义，托尔斯泰的泛劳动主义，罗素的基尔特社会主义等。中国当时讨论社会主义的人群中主体构成更是复杂多样，有马克思主义者李大钊、陈独秀等，有研究系的梁启超、张东荪等，有安福系的王揖唐，有广东军阀陈炯明等。在这些社会主义思潮中，哪一个能够作为改造中国的指导思想，社会上并没有统一的认识。

在这样的时代背景下，毛泽东对主义的选择是经历过一番曲折的。

在湖南省立第一师范读书期间，他渴望寻找"大本大源"，对社会改良主义情有独钟。

在第一次赴京期间，他大量接触了无政府主义和实验主义。

五四运动期间，他对"无血革命""呼声运动"加以推崇，把实验主义看作人类思想解放的重要标志，在主义与问题的争论中倾向于"问题论"。

但是，实践检验后，他发现这些主义都是理论上说得通、事实上做不到。

正是在对自己与同时代人的理论探索和实践活动做出总结的基础上，毛泽东坚定地进行了深度的思想清算，放弃了各种不正确的思想理论，把马克思列宁主义作为个人理论信仰和政治革命实践的指导思想。

1920年11月25日给罗章龙的信中，毛泽东明确提出，从事改造中国与世界的社会革命，必须要有一个强大的政治团体来领导进行，而这样的政治组织必须是在同一个主义带领下的同志的凝聚，而不仅仅是感情的结合。他说：

"要有一班刻苦励志的'人'，尤其要有一种为大家共同信守的'主义'，没有主义，是造不成空气的。我想我们学会，不可徒然做人的聚集，感情的结合，要变为主义的结合才好。主义譬如一面旗子，旗子立起了，大家才有所指望，才知所趋赴……"[①]

这个主义不是别的，就是马克思列宁主义，也就是他在12月1日给蔡和森的信中所说的"马克思的方法"。

在1921年新年大会上，毛泽东在列举比较了社会改良主义、无政府主义、社会民主主义等几种思潮之后，明确指出："激烈方法的共产主义（列宁的主义）"是最有效果的，对于改造中国与世界"最宜采用"，在大会公开表决采用的主义时，他坚定地选择"布尔什维克主义"为根本指导思想。

在1921年1月21日给蔡和森的信中，毛泽东坚定不移地提出"唯物史观为吾党哲学的根据，这是事实，不象惟理观之不能证实而容易被人动摇"，旗帜鲜明地举起唯物史观的大旗，把马克思列宁主义作为根本的指导思想。

就这样，经过艰辛曲折的探索，毛泽东终于选择了马克思列宁主义。

[①] 《新民学会资料》，人民出版社1980年版，第97页。

在这里，毛泽东选择马克思列宁主义，并不是把它作为一种学术思想来接受，而是作为根本指针来接受的。马克思主义所提供的，不是枝枝节节的具体方法，不是特殊领域的具体学问，而是包含着唯物主义历史观、科学社会主义科学理论的根本的世界观方法论。通过马克思主义这根指针，毛泽东同李大钊、陈独秀等一批早期中国马克思主义者一样，找到了分析中国问题、探索中国未来发展的金钥匙。

在日后开展的波澜壮阔的中国革命进程中，以毛泽东为代表的中国共产党人，就是在马克思主义指导下，深入分析中国社会矛盾，制定中国革命战略策略，有目标、有计划、有步骤地领导中国人民取得了一个又一个伟大胜利，完成了中国人民的解放事业。

（三）道路选择：走十月革命的道路

改良还是革命，是近代以来长期萦绕在中国人思想中的一个大问题。

五四运动后，围绕这个问题的争论再次掀起高峰。

一方面，社会改良思想极其高涨，梁启超、张东荪、胡适等皆是代表。当时，杜威、罗素等知名学者也来到中国，宣扬实验主义、社会改良主义、基尔特社会主义等思想，社会改良的思潮弥漫中国思想界。

另一方面，以李大钊、陈独秀等为代表的社会革命思潮，亦高举根本改造的大旗，迅速影响中国思想界。

毛泽东同新民学会的成员们就是在这样的时代背景下，开始探讨改造中国与世界的路径。相当长的一段时间以来，毛泽东对社会改良确实非常中意，他不仅提倡无血革命、呼声运动，而且亲自领导了颇有社会改良主义色彩的驱张运动，但是事实证明，这条路在中国走不通。因此，他在1920年11月底清醒地意识到：中国政治界已经严重腐败，改良主义难以拯救中国，必须"另辟道路，另造环境"。

那么，新路在什么地方、是什么道路呢？为了得出这个答案，毛泽东经过长期实践和理论思考，做出了不少比较分析。

在1920年12月1日的信中，毛泽东列举了蔡和森和萧子升来信中主张的两种方法，随后明确表示：自己赞同马克思主义的、十月革命的方法，反对改良主义的、温和革命的方法。他写道，萧子升等所主张的实行"温和的革命"、以教育为工具的改良主义，同罗素的主张是一致的，"理论上说得通，事实上做不到"。无政府主义和社会民主主义等，同样也不能达到改造世界的目的。

在1921年1月21日的信中，他又特别强调"不承认无政府的原理是可以证实的原理"。

在这些比较分析之后，毛泽东明确而郑重地做出自己的选择：走俄国的道路，实行无产阶级革命和无产阶级专政。在信中，他对蔡和森提出的采用马克思主义的、俄国十月革命的方法，组织共产党，实行无产阶级专政的主张，"表示深切的赞同"。因为"凡是专制主义者，或帝国主义者，或军国主义者，非等到人家来推倒，决没有自己肯收场的"，"用和平方法去达共产目的"是不行的。要彻底改造中国和世界，解放全人类，建立美好的共产主义，首先必须通过无产阶级革命，推翻剥削阶级的反动统治，建立无产阶级专政，在此基础上逐步达到共产主义。马克思主义者是理想主义者，更是现实主义者，走俄国革命的道路，就是一种现实主义的、唯一正确的必然选择。用毛泽东的说法，这是"无可如何的山穷水尽诸路皆走不通了的一个变计"。

在1921年元旦的新民学会新年大会上,毛泽东再次明确表示,在中国靠一点一滴的社会改良的办法是不行的,必须走"大规模改造"的社会革命的道路,也就是俄国革命的道路。他指出:"社会政策,是补苴罅漏的政策,不成办法。社会民主主义,借议会为改造工具,但事实上议会的立法总是保护有产阶级的。无政府主义否认权力,这种主义,恐怕永世都做不到。温和方法的共产主义,如罗素所主张极端的自由,放任资本家,亦是永世做不到的。"只有"激烈方法的共产主义,即所谓劳农主义,用阶级专政的方法,是可以预计效果的,故最宜采用",这是"诸路皆走不通了新发明的一条路"。

把目光转向俄国,选择俄国革命的道路,是中国革命历史上的一次重大飞跃,当然也是毛泽东个人思想发展中的重要里程碑。

从那时开始,毛泽东就义无反顾地走上了中国革命的道路,并在日后的实践中,把马克思主义同中国具体实际相结合,把俄国革命道路同中国革命实践相结合,创造性地探索了坚持马克思列宁主义基本原理又符合中国实际的、具有中国特色的新民主主义革命和社会主义改造的道路。

(四)紧要步骤:创建中国共产党

树立了远大目标,确立了指导思想,选择了前进道路,都是基础性的前提性的工作,而要真正开始从事革命活动,就必须找到"下手处",也就是要抓住最紧迫的工作,确立具体展开的步骤。

1920年2月,毛泽东在给陶毅的信中,结合自己参与五四运动、领导驱张运动的实践,针对改造社会的议题,明确提出要建立一个"高尚纯粹勇猛精进的同志团体",只有这样才能避免"用力多而成功少"的"最不经济"的"人各为战""浪战",才能通过成员间"共同的研究(此指学问),共同的准备,共同的破坏,和共同的建设",最终形成合力,达到胜利。① 显然,毛泽东找到的"下手处",就是要建立一个"同志团体",也就是在科学理论的指导下领导人民进行革命斗争的先进政治组织。

正所谓"英雄所见略同"。1920年7月,新民学会蒙达尼会议上提出的第三个问题,就是"如何下手"的问题,蔡和森把这个"下手处"的问题,概括为组建中国共产党。会后,在8月13日和9月16日给毛泽东的信中,蔡和森也明确提出要"明目张胆正式成立一个中国共产党",作为中国革命运动的发动者、宣传者、先锋队和作战部,形成革命斗争的"神经中枢"。这个想法,同毛泽东的思考不谋而合。

蔡和森的构想随信漂洋过海,到达毛泽东手中时,已经是1920年末,毛泽东读后非常赞同。

1920年11月,在编辑《新民学会会员通信集》的过程中,毛泽东在一篇信后的按语里提到根本改造的计划,对蔡和森的主张表示明确肯定,认为新民学会会友以后的"进行方法"之一即"从事于根本改造之计划和组织,确立一个改造的基础,如蔡和森所主张的共产党"。② 当接到蔡和森1920年9月16日写的关于建党问题的信件后,他明确表示蔡和森的建党主张,"见地极当,我没有一个字不

---

① 《新民学会资料》,人民出版社1980年版,第59、60页。
② 《新民学会资料》,人民出版社1980年版,第92页。

赞成"。

实际上，此时的毛泽东，不仅在理论上有了这样的认识，而且已经接受陈独秀的委托，正在做着建立共产党组织、建立青年团组织的实际工作。

概括地说，在1920年12月到次年1月的信件和发言中，毛泽东结合自己长期以来的实践探索和理论思考，比较系统地阐述了个人关于根本目标、指导思想、道路选择、具体步骤等问题的看法，标志着他已经完全站在马克思列宁主义的立场上来观察和分析问题，坚持以马克思列宁主义为根本指导思想，确立了共产主义和科学社会主义的远大理想，坚持走无产阶级革命和无产阶级专政的道路，把建立中国共产党作为中国革命的紧迫任务，在政治信仰上做出了全新的重大选择。

在马克思主义的道路上开拓前进

彻底完成思想转变之后,毛泽东坚定地走上了马克思主义道路,同李大钊、陈独秀、蔡和森、周恩来等一道成为中国第一批马克思主义者,成为马克思主义中国化的开路先锋。

(一)成为坚定的马克思主义者

经历了长期的理论探索、思想鉴别、实践检验,毛泽东终于在1920年底走出混沌的前夜,在根本目标、指导思想、道路选择、具体步骤等重大问题上,做出了完全站在马克思列宁主义立场的回答。这次回答的背后,是思想结构的根本性转变,是知识取向、价值判断、实践行动、情感认同等方面的决定性改变,是思想上彻头彻尾、彻里彻外的"马克思主义化"。

实现自身的马克思主义化,标志着毛泽东完成了一次彻底的思想蜕变、灵魂重铸,标志着他自此成为一个坚定的马克思主义者。

这种马克思主义化体现在哪些方面呢?这个问题的答案很有意义,因为它其实也回答了,一个彻底的马克思主义者所应具备的特质。

第一，认真学习马克思主义。从1918年第一次进京接触到马克思主义，毛泽东就对马克思主义产生了极大兴趣，开始关注有关马克思主义的资料；在1919年第二次赴京期间，他以极大的热情搜寻当时能够找到的马克思列宁主义著作认真阅读；在初步确立马克思主义信仰后，特别是在创办文化书社的过程中，他更是花大力气阅读马克思主义经典著作和相关文献。正是依靠认真的学习，毛泽东在知识结构上才发生了重大变化，马克思主义理论在他的知识结构中所占的分量日益加大，直接促进了其思想结构的转变。

第二，真正弄懂马克思主义。毛泽东从一开始就不是泛泛地记诵马克思主义的词句，而是从本质上抓住它的理论精髓。经过认真深入的学习和基于实践的反思，以及同李大钊、陈独秀、蔡和森等进行的深入交流，他深刻领悟了马克思主义最本质的内容，特别是马克思主义的世界观和方法论、唯物史观、阶级斗争、无产阶级革命和无产阶级专政理论等与中国实际密切相关的关键内容。

第三，切实运用马克思主义。毛泽东不是抽象地理解马克思主义理论，也不是单纯地把它作为一种学术观点，而是将其作为改造中国的指导理论和行动指南，用以分析当时中国的现实问题，探索中国革命的目标、道路、方法。正因为他能够切实运用马克思主义，所以思想转变完成之时，他就在一些重大问题上得出了"改造中国的根本目标是解放中国和世界人民""建立社会主义和共产主义，根本方法是通过阶级斗争取得政权""建立新的社会制度，依靠力量是最广大的人民群众，最紧迫的任务是建立中国共产党"等正确结论。

第四，真正信仰马克思主义。在1921年1月给蔡和森的信中，毛泽东就讲到，唯物史观是即将建立的中国共产党的哲学依据，要把马克思主义作为一面旗帜高高举起。自此以后,他始终坚定不移地把它作为科学真理体系和根本指导思想,作为认识和分析社会的根本依据,作为世界观、人生观、价值观和个人修养的根本依据。为此,他不惜同多年的好朋友萧子升分道扬镳。1936年在回忆青年时期的思想变化时,毛泽东动情地明确讲道,自己在接受了马克思主义后就毫不动摇地信仰它。这份坚定,伴随了他的终生。

第五,大力宣传马克思主义。自从初步确立马克思主义信仰,毛泽东就热情地宣传马克思主义,推动新民学会会员和广大进步青年的思想进步。他创办文化书社、俄罗斯研究会就是大力宣传马克思主义的重要体现。此外,他还帮助郭亮、萧述凡、夏曦等人在湖南省立第一师范创立崇新学社,指导他们学习马克思主义理论,并把《共产党》上的文章推荐到长沙《大公报》发表,扩大马克思主义在进步青年和广大群众中的影响。

第六,坚决捍卫马克思主义。在确立马克思主义信仰的过程中,毛泽东就勇于进行自我革命,逐步放弃先前的不正确思想;确立信仰后,他在通信或会议上反对和清除改良主义、无政府主义等各种非马克思主义思想及其影响,捍卫马克思主义的指导地位的态度更是旗帜鲜明。他明确表示,在主义问题上决不妥协让步,这就是他曾说的"主义之争,出于不得不争"。他同萧子升的分裂,也直接表明了他捍卫马克思主义的坚定性。

正是通过实现自身的完全马克思主义化,毛泽东真正成为一个彻底的马克思主义者。青年毛泽东的马克思主义化,集中体现了中国早期马克思主义者所经历的共同心路历程,同时也揭示了马克思主义中国化的一个基本规律:中国先进知识分子实现自身的马克思主义化,成为坚定的马克思主义者，是马克思主义中国化的基本条件和根本前提。

马克思主义中国化，就是中国马克思主义者在把马克思主义理论同中国具体实际、中华优秀传统文化相结合中所进行的理论和实践创新过程。马克思主义中国化虽然具有历史的必然性，但它不是自然发生的，而是历史必然性同主体能动性的辩证统一。推动它运转不息的，是一个个像毛泽东那样的坚定主体。没有他们的艰辛寻道和理论求索，就不可能有马克思主义中国化的历史发展。

（二）成为中国共产党的主要缔造者

毛泽东从来就是一个实践和理论的统一论者。确立马克思主义信仰的过程中，他已经开始把这种全新的理论和信仰转化为社会政治实践。正如李维汉后来所回忆的，1920年下半年，毛泽东所进行的"一系列活动中都联系着考虑和酝酿建党建团的问题"。[①]

1920年冬，毛泽东开始在长沙创建共产党组织。创建党组织，是毛泽东把马克思主义信仰转化为马克思主义实践的重要步骤，是把个人信仰转化为组织性活动、把局部的小型组织活动转化为全国性的政党性活动的重要环节。

1920年初，经共产国际批准，俄国共产党远东局海参崴（即符拉迪沃斯托克）分局外国处派出全权代表维经斯基（化名吴廷康）来到中国推动中国共产党的创建，他们先后在北京会见了李大钊、在上海会见了陈独秀。此后，上海的陈独秀和北京的李大钊开始着手建党活动，史称"南陈北李，相约建党"。毛泽东在长沙开展的建团建党

---

① 《新民学会资料》，人民出版社1980年版，第470页。

活动，同南陈北李的建党活动密切相关，是对南陈北李的积极呼应。

1920年8月，在陈独秀主持下，上海共产党早期组织在法租界老渔阳里2号《新青年》编辑部正式成立，陈独秀任书记，成员有李达、俞秀松、李汉俊、陈公培、陈望道等。上海党组织成立之际，陈独秀就计划在一年之中，在北京、汉口、长沙、广州等地先成立预备性质的组织，为成立全国性的中国共产党做准备。

在湖南方面，陈独秀很快就找上了早有通信联络、颇有才干的毛泽东。11月，陈独秀致信毛泽东，介绍上海成立共产主义小组、机器工会的情况，并将《中国共产党的宣言》等文件寄来，随后还寄来了上海党组织的刊物《共产党》月刊等。毛泽东在收到来信后，积极在长沙筹备成立党组织。大约在11月间，经过慎重物色，毛泽东和何叔衡、彭璜等人在建党文件上签名，创建长沙的共产主义小组。长沙共产主义小组成立后，常以群众团体和文化书社、俄罗斯研究会名义，从事马克思主义宣传活动。还通过湖南省立第一师范工人夜学，在工人中展开工作。对毛泽东的这段工作，李达曾这样回忆：在党的第一次代表大会期间，代表们在住所交换各地工作经验，"北京小组在长辛店做了一些工人运动，武汉方面，京汉铁路工人运动及其他各工厂的工人运动也是刚刚开始。长沙小组，宣传与工运都有了初步的成绩。看当时各地小组的情形，长沙的组织是比较统一而整齐的"。[1]

---

[1] 李达：《中国共产党的发起和第一次、第二次代表大会经过的回忆》，中国社会科学院现代史研究室、中国革命博物馆党史研究室选编：《"一大"前后》（二），人民出版社1980年版，第12页。

在建党过程中，毛泽东也着手建立湖南的社会主义青年团。得到1920年8月陈独秀在上海领导成立了全国第一个社会主义青年团的消息后，1920年9月10日晚，毛泽东就在湖南省立第一师范同进步学生张文亮谈话，安排他马上同陈独秀取得联系。接到张文亮的信件后，陈独秀很快就给毛泽东寄来了上海组建社会主义青年团的有关资料。与此同时，李大钊也在北京领导创建了青年团组织，并同毛泽东取得联系。接到北京和上海寄来的社会主义青年团章程后，毛泽东马上着手在湖南开展青年团创建工作，他最初从湖南省立第一师范、商业专门学校、第一中学的在校学生中物色对象，发展张文亮、彭平之、柳直荀、陈子博、萧述凡、夏曦等为团员。经过认真筹备，成立湖南社会主义青年团的时机已经成熟。1920年12月，长沙青年团已经有20多人，毛泽东原准备等陈独秀来湖南后再开成立会，但陈独秀此时需赶赴广州不能前来，大会遂延期到1921年1月13日举行，毛泽东任书记。到1921年7月，长沙的青年团员发展到39人，是全国青年团团员人数多的地区之一。

毛泽东对这项活动始终记忆犹新。1974年秋，已经81岁的毛泽东还津津有味地回忆起当年建团的情况：我在湖南先建立青年团组织，接着建立党组织，1921年到上海参加第一次党的全国代表大会。

1921年6月，毛泽东接到赴上海参加中国共产党第一次全国代表大会的通知。6月29日下午6点，他和何叔衡一道在长沙小西门码头，乘着暮色，登上小火轮，奔赴上海。

1921年7月23日，中国共产党第一次全国代表大会在上海召开。这是中国历史上开天辟地的大事变。毛泽东作为15位参会者之一，见证了这一伟大的历史时刻，成为中国共产党的重要缔造者之一。

（三）开创并持续推进马克思主义中国化

在领导党和人民进行新民主主义革命、社会主义革命和建设的长期实践中，毛泽东作为伟大的马克思主义者，不仅成为中国人民的伟大领袖，伟大的无产阶级革命家、战略家，而且成为伟大的马克思主义理论家，成功把马克思主义普遍真理同中国的具体实际有机结合起来，在马克思主义中国化的大道上不断开拓前进。

建党初期，他担任湖南地区党组织领导，成功领导了湖南的工人运动，极大地推动了马克思主义同中国工人运动的有机结合。党的三大后，他进入中央领导核心，开始领导全国的工农革命运动，在农民、领导权、革命道路等问题上进行了深入的理论探索。大革命[①]时期，他运用马克思主义的基本原理分析中国社会的主要矛盾、阶级状况和革命道路，撰写了《中国社会各阶级的分析》《湖南农民运动考察报告》等著名理论文章，同李大钊、陈独秀、瞿秋白等早期马克思主义理论家一起，开启了马克思主义中国化理论和实践创新的历史大幕。

1927年，国民党蒋介石集团和汪精卫集团先后发动反革命政变。在这期间，以陈独秀为代表的中共中央犯了右倾机会主义错误，国民革命失败了。大革命失败后，中国革命走向何方，成为中国共产党人必须认真解决的紧迫问题。1927年8月7日，在"八七会议"上，毛泽东立足于中国历史文化传统、政治斗争经验和中国社会的现实矛盾，运用马克思主义关于暴力革命和阶级斗争的基本原理，抓住

[①] 指1924年1月到1927年7月的第一次国内革命战争。第一次国内革命战争是中国人民在中国共产党领导下进行的反对帝国主义、北洋军阀的战争。

了武装斗争和土地革命这两个核心问题，发掘了马克思主义中国化的理论生长点和实践创新点，提出了颇具中国特色的理论论断即"枪杆子里面出政权"。毛泽东的发言推动当时的中央主要领导将武装斗争的理论自觉提升到政策和实践层面，其中提出了关于土地问题的独到见解和初步方案，并开始探索具有中国特色的革命道路。这些均显示出他作为杰出的中国化马克思主义理论家的基本素质和特有风格。

井冈山斗争和中央革命根据地时期，毛泽东在极其艰苦的条件下，卓有成效地开展了武装斗争新实践，实现了土地革命政策新创造，在政治、经济、文化、军事、党的领导等不同领域提出一系列重要理论观点，形成了中国化马克思主义理论的初步成果，并不断把这些理论创新成果推向实践。在《中国的红色政权为什么能够存在》《井冈山的斗争》等文章中，他提出了工农武装割据、建立红色政权的理论。在《星星之火，可以燎原》中，他提出了"农村包围城市、武装夺取政权"的道路理论，标志着中国特色革命道路思想的形成，初步解决了在半殖民地半封建的中国如何进行无产阶级革命的问题。在《反对本本主义》中，他提出了"没有调查、没有发言权""从斗争中创造新局面""马克思主义的'本本'是要学习的，但是必须同我国的实际情况相结合""中国革命斗争的胜利要靠中国同志了解中国情况"等重要论断，初步提出了以实事求是、一切从实际出发为核心的中国化马克思主义的思想路线，展示了中国共产党人对待马克思主义的中国化态度和气派，中国化马克思主义理论初步形成。

延安时期，毛泽东深入研究马克思主义理论，系统总结中国革命的经验教训，科学分析中国社会的主要矛盾，把马克思主义普遍真理同中国革命的具体实践相结合，进行了深入的理论探索，撰写了《矛盾论》《实践论》《论持久战》《论新阶段》《中国革命和中国共产党》《新民主主义论》《改造我们的学习》《论联合政府》等重要著作，全面推进了马克思主义中国化的理论创新。在党的六届六中全会上，他明确提出马克思主义中国化的科学命题。之后，他根据中国革命的具体特点，创立了新民主主义革命理论。延安整风过程中，他在领导全党大力开展马克思主义理论教育的同时，全面开展理论创新。新民主主义理论的系统阐明，标志着毛泽东思想得到多方面的展开而趋于成熟。在党的七大上，毛泽东思想被写进党章，成为全党的指导思想。

新中国成立之际，毛泽东领导党和人民积极适应历史转变，科学回答"执什么样的政和怎么样执政""怎么样把工作重心转向城市""怎么样从革命转向建设""怎样从新民主主义革命向社会主义革命过渡"等重大历史课题，撰写了《在中国共产党第七届中央委员会第二次全体会议上的报告》《论人民民主专政》等重要著作，把马克思主义的国家理论、政权建设理论、政党建设理论同当时中国革命发展的历史趋势有机结合起来，初步形成了执政党建设和新政权建设的理论，开始探索中国特色的社会主义改造、革命和建设道路，掀起了马克思主义中国化史上的一次理论创新高潮。他立足于中国政治和文化历史传统，科学把握当时世界的总体格局，借鉴苏联的社会主义政权建设的实践，创立了人民民主专政的国家根本制度，以及人民代表大会制度、中国共产党领导的多党合作和政治协商制度、民族区域自治制度等基本政治制度。

新中国成立后，毛泽东带领党和人民成功开辟了中国特色的社会主义改造和革命道路，初步探索了中国特色的社会主义建设道路，撰写了《论十大关系》《关于正确处理人民内部矛盾的问题》等重要理论著作,提出并深入研究社会主义建设中的重大关系,形成了正确处理人民内部矛盾等独创性的理论成果,在进一步丰富和发展毛泽东思想的同时,为中国特色社会主义道路的开辟和中国特色社会主义理论体系的形成,奠定了坚实的物质基础和丰富的理论准备。

毛泽东思想是马克思列宁主义在中国的创造性运用和发展,是被实践证明了的关于中国革命和建设的正确的理论原则和经验总结,是马克思主义中国化的第一次历史性飞跃。毛泽东思想的活的灵魂是贯穿于各个组成部分的立场、观点、方法,体现为实事求是、群众路线、独立自主三个基本方面,为党和人民事业发展提供了科学指引。

在毛泽东探索的基础上,党的十一届三中全会以来,以邓小平、江泽民、胡锦涛为主要代表的中国共产党人,从新的实践和时代特征出发坚持和发展马克思主义,围绕着"什么是社会主义、怎样建设社会主义""建设什么样的党、怎样建设党""实现什么样的发展、怎么发展"等重大实践和理论问题,科学回答了建设中国特色社会主义的发展道路、发展阶段、根本任务、发展动力、发展战略、政治保证、祖国统一、外交和国际战略、领导力量和依靠力量等一系列基本问题,形成中国特色社会主义理论体系,实现了马克思主义中国化新的飞跃。

党的十八大以来,以习近平同志为主要代表的中国共产党人,坚持把马克思主义基本原理同中国具体实际相结合、同中华优秀传统文化相结合,科学回答了"新时代坚持和发展什么样的中国特色社会主义、怎样坚持和发展中国特色社会主义""建设什么样的社会主义现代化强国、怎样建设社会主义现代化强国""建设什么样的长期执政的马克思主义政党、怎样建设长期执政的马克思主义政党"等重大时代课题，创立了习近平新时代中国特色社会主义思想。这一重大思想，是当代中国马克思主义、21世纪马克思主义，是中华文化和中国精神的时代精华，实现了马克思主义中国化新的飞跃。

第10章

血脉传承：
赓续红色基因，铸就当代辉煌

思想转变的动力机制
思想转变的鲜明特点
宝贵经验的当代价值

青年毛泽东的思想转变过程，体现着中国第一代马克思主义者的心路历程，蕴含着中国共产党人的红色基因。

青年毛泽东的思想转变中的理想引领机制、学习融合机制、实践驱动机制、有机结合机制、集体智慧机制、思想交锋机制，不仅有力推动了青年毛泽东的思想发展，而且早已经熔铸在马克思主义中国化的发展进程当中，转化为理论创新的内在动力。

以理想信念为方向引领，以社会实践为根本依据，以自我清算为关键环节，是青年毛泽东思想转变的鲜明特点，这些特点已经熔铸在伟大建党精神当中，成为中国共产党和中国人民的精神血脉。

一个时代有一个时代的主题，一代人有一代人的使命。青年毛泽东的思想转变，虽然发生在一百多年之前，但这个过程所包含的机制和特点，具有持久深远的思想启发意义。

新时代新征程上的中国共产党人和广大人民群众，特别是当代中国有志青年，应该像青年毛泽东那样，研读经典著作、悟透思想精髓，传承民族文化、筑牢发展根基，立足国情实际、把握时代特征，坚定理想信念、勇于进行斗争。勿忘昨天的苦难辉煌，无愧今天的使命担当，不负明天的伟大梦想，在新时代新征程上创造不负历史、不负时代、不负人民的辉煌和荣光。

思想转变的动力机制

影响青年毛泽东思想发展的,既有个性化因素,也有共性化因素,这些因素相互作用、良性互动,形成其思想转变的内在动力机制。

青年毛泽东思想转变中的理想引领机制、学习融合机制、实践驱动机制、有机结合机制、集体智慧机制、思想交锋机制,不仅有力推动了青年毛泽东的思想发展,而且早已熔铸在马克思主义中国化的发展进程当中,转化为理论创新的内在动力。

(一)理想引领机制

毛泽东在思想转变的过程中,尽管思想上曾发生过激烈的变化,但是有一点是贯彻始终的,那就是救国救民、改造中国的远大理想。他的一切思想进展都始终围绕着实现这个远大理想展开,都是在理想目标的牵引下进行的,正如他1913年在《讲堂录》中写下的:"立一理想,此后一言一动皆期合此理想。"

少年时期,他的反叛和超越主要出自个人的性格和个人的目的。

当接触了一些爱国主义材料、了解了中国的落后和屈辱状况后，他便开始谋求国家的兴旺发达，有了某种历史担当的责任感。

进入湖南一师时期后，他开始从宏观上谋求改造整个中国和世界，确立了救国救民、解放全中国全世界的远大志向和社会理想。当时，国家的情况日益破败，帝国主义、封建军阀同人民的冲突，军阀之间的冲突，地主同农民的冲突，资本家同工人的冲突，顽固守旧同进步改革的冲突，民主科学同专制愚昧的冲突，都在毛泽东和他的同学们身边得到了反映，正如他自己后来所说的，"国家的情况一天比一天坏，环境迫使人们活不下去"，很多人当时都陷入悲观之中。但是，毛泽东和他的朋友们不是这样，他们从这种种冲突中寻找救国的道路，对中国的未来抱着很大的信心和希望，谋求改造中国和世界。

在这种理想的引领下，他猛烈地学习吸收各种新思想新观点，并把这些思想观点付诸实践，以求进行比较鉴别和实践检验，最终选择了马克思主义作为根本指针和行动指南。

不仅在青年时期如此，在毛泽东的一生中，他都始终坚定不移地为实现自己的理想信念而不屈不挠地奋斗。在曲折苦难时靠着理想信念渡过难关，在事业发展顺利时靠着理想信念不骄不躁，终于领导中国人民取得了新民主主义革命的胜利，建立了新中国，实现了救国救民的伟大理想。新中国成立后，他又在理想信念的引领下，探索了中国建设社会主义的道路，为后人的探索留下了宝贵的财富。

青年毛泽东思想发展的这个机制，已经成为中国共产党的一个重要经验和法宝。对马克思主义的信仰，对社会主义和共产主义的信念，已经成为共产党人的政治灵魂，成为共产党人经受住任何考验的精神支柱。

（二）学习融合机制

毛泽东出生在一个封闭的山村家庭，这使他早年时期接受知识信息的渠道特别有限，但他又极富追求知识的渴望和自我超越的个性，从而形成了对知识信息的高度敏感性和兼收并蓄的能力。在私塾期间，他深入学习中国传统文化内容，将它们深深地储存在知识结构的底层。随着眼界的开阔、环境的变迁，他不断吸收各种新知识、新信息和新思想。在进入湖南一师时期之前，他就大量接收了早期洋务派的知识、康有为梁启超的改良主义思想、孙中山等革命派的民主主义思想。进入湖南一师时期之后，他更是猛烈地接收了传统文化的深层理论、新文化运动中的激进民主主义思想、西方哲学伦理学思想、克鲁泡特金的无政府共产主义、社会民主主义理论、空想社会主义思想等等。五四运动时期，他在北京又大量接收了刚刚引入中国的马克思主义、新村主义、工读主义、实验主义……

毛泽东接收知识信息的重要特点，是在改造中国这个大目标下把各种各样的新知识、新文化、新思想都一股脑地先接收过来，形成丰富的知识储备，再结合实践来比较、甄别、选择，这就使得他的思想结构在特定时期显得特别复杂，在五四运动时期达到了混杂无序的巅峰。但是，短时间内的混杂并不是坏事，只有具备丰富的知识信息储备，他才能够更好地进行比较鉴别，做出的最终选择才更有深度，更加准确。

毛泽东学习吸收的另一个特点，是善于在学习中进行独立思考，提出自己的独到见解，而不是人云亦云地随意接受他人观点。这种独立思考的特点，使他后来越是多接收知识信息，就越是有思想的深度，做出的最终选择也就越加坚定。

（三）实践驱动机制

毛泽东从青少年时期起就高度注重理论同实践的密切联系，注重把从书本上得到的理论运用到实践当中去检验并决定取舍，同时又在实践中获得新的体验、通过对实践的反思来深化思想认识。

在湖南一师时期，他就积极反对帝制和封建军阀，开展过广泛的社会调查，出色地主持过工人夜学，还创建和组织了颇有成效的学生社团。正是通过这些社会实践，他在个人的主观世界和实践活动上发生了重大的转型，开始把注意力转移到对现存社会的反叛和改造上，着力从国家民族发展的前景上思考如何救亡图存，致力于探索改造中国与世界所需的"大本大源"。

自湖南省立第一师范毕业之后，他为着探索救国救民的革命道路和指导实践的科学理论，猛烈地吸收各种新思想、新观点，在短时间内形成了混杂矛盾的思想结构。在此期间，他没有把各种思想停留在思想状态，而是将其投入实践当中，力求通过亲身实践来检验这些理论能否对社会历史做出正确的解释，是否符合中国实际的需要，能否成为社会实践的理论指南。经过艰辛曲折的实践经验和理论反思，他终于放弃、清算了各种不正确的思想，选择了马克思主义。

对于马克思主义，他也不是一开始就接收下来作为自己的实践指南，而是要将其放到实践中去检验一番，用事实来验证其科学真理性和实践可行性。正是通过社会实践检验，他进一步认识到唯有马克思主义才能成为指导改造中国、救亡图存的行动指南，从而牢牢地确定了自己思想发展的根本方向，坚定地走上了马克思主义的道路。

在日后的社会革命实践和理论创新过程中，毛泽东把青年时期就已经形成的这个思想发展机制，进一步推广和提升为马克思主义中国化的理论创新机制，着眼于实践和形势的新发展，深入调查研究，分析新的时代特征和矛盾变化的趋势，不断从实践中获得新的素材，捕捉新的理论生长点，破解和回答实践所提出的新问题，形成新的理论观点，创立了毛泽东思想，实现了马克思主义中国化的第一次历史性飞跃。

（四）有机结合机制

在思想转变的过程中，善于把理论与实际、新思想新理论与中国传统文化、理论选择与解决重大问题有机结合起来，是青年毛泽东思想发展的又一个鲜明特点。

调查研究是理论结合实际的重要方式和途径。从青年时期起，毛泽东就养成了通过调查研究了解社会实践、提升认识并形成理论的习惯。在湖南省立第一师范读书期间，他就明确提出不仅要读有字之书，更要读无字之书，要"从天下国家万事万物而学之"。临近毕业时，他分别同萧子升、蔡和森等在湖南境内进行游学考察，详细了解广大民众的生产生活情况，用自己当时掌握的思想文化来分析社会现实。在第一次赴京期间，他曾到长辛店的工厂进行调查研究，深入了解工人群众的生产生活状况。通过这些调查研究，他更加深入地了解中国的具体国情，特别是广大劳动人民的生产生活实际和精神文化需求，从而有利于自己更好地选择适合中国社会实践和人民需要的科学理论。

特别值得一提的是，他在思想转变的过程中，善于把选择的马克思主义理论、俄国十月革命的经验，同中国亟待解决的重大实践问题有机结合起来，以探索改造中国的指导思想和发展道路。在改造的目标上，他把马克思主义的国际主义同立足于中国实际结合起来，把远大的理想目标同从中国实际出发结合起来，对改造中国和世界的口号做出了深入的分析。在指导思想问题上，他在提出主义重要性的同时，分析了当时中国思想界流行的几种主要思想，结合中国现实实际明确指出，只有马克思列宁主义才能解决中国的问题。在革命道路问题上，他结合自己的实践经验和中国积重难返的局面，明确提出选择俄国革命道路是山穷水尽诸路皆走不通的情况下的唯一选择。在建立政党组织的问题上，他也是运用马克思主义的政党理论，结合十月革命的经验，深入分析了中国近现代社会政治发展的实际，特别是驱张运动和湖南人民自治运动的实践，明确提出必须组建同俄国共产党一样的中国共产党，并积极创建湖南共产主义小组。

在日后的革命实践和理论创新过程中，他始终坚持这一原则，坚持把马克思主义同中国文化和中国实际相结合，把马克思主义同时代特征相结合、同解决重大实践问题相结合，创造性地发展了马克思主义基本理论，形成了马克思主义在中国的重大理论创新成果。

（五）集体智慧机制

毛泽东从儿童时期就形成了独立自主的个性，在重大问题上他向来坚持自己的独立见解，决不轻易附和别人的观点。但是，在学习文化知识、追求思想进步的过程中，他又特别注重吸收他人智慧，在共同研究、共同进步中实现智慧共享。

在湖南一师时期，他就特别注意同其他人进行交流，以吸收别人的智慧，提高自己的知识和思想。他同杨昌济、黎锦熙等先生交往频繁，从他们那里获得过很多知识信息和智慧启迪。在给黎锦熙、萧子升等人的信中，他也多次谈到思想交流对自己的好处。为了更多地结交志同道合的朋友，共同追求进步，他曾以"二十八画生"的名义在长沙各学校征集朋友。

毛泽东不仅善于吸收师长朋友的智慧，而且还抓住一切机会同当时的思想界人士进行交流，从他们那里获得最新的知识和思想。在赴京期间，他除了继续同杨昌济、黎锦熙深入切磋之外，还同陈独秀、李大钊、胡适、蔡元培、陶孟和、周作人、章士钊、朱谦之、罗章龙、张国焘等一大批思想家或有志青年进行交流。这些交流极大地丰富了他的理论视野和思想内涵，对他实现自身的思想转变发挥了重要作用。

在毛泽东思想转变的关键时期，这种通过思想交流吸收集体智慧的机制发挥了不可低估的作用。特别是同李大钊、陈独秀、蔡和森之间的交流，极大地推动他彻底转向马克思主义。正是在李大钊那里，他接触到了马克思主义理论，并在李大钊的引领下，迅速朝着马克思主义的方向发展；正是在1920年第二次到上海期间，他同已经转向马克思主义的陈独秀，深入探讨了自己学习的马克思主义理论，从陈独秀处受到极大的影响。

青年毛泽东思想转变中的这种集体智慧机制，后来成为马克思主义中国化理论创新的重要机制。马克思主义中国化的过程就是一个集中集体智慧的过程，中国共产党的理论创新就是把中国广大劳动群众、知识分子和全体党员的智慧集中起来，并加以归纳整合、系统提升的过程。毛泽东思想就是中国共产党人集体智慧的结晶。

（六）思想交锋机制

青年毛泽东在思想转变过程中走过了一段艰辛的道路，这个艰辛的历程是通过实践鉴别和理论鉴别的方式进行的。一旦确定了自己的选择方向，他就毫不动摇地坚持所选择的马克思列宁主义，同各种非马克思主义思潮做坚决的斗争，在斗争中捍卫马克思列宁主义的指导思想地位。

在接收各种思想理论观点之时，毛泽东并没有特殊的筛选和选择，没有一开始就把某种理论作为唯一正确的理论，而是把它们兼容并蓄，都作为实现理想的一种备选方案，首先储存在自己的知识和思想结构当中，但是这种庞杂的思想结构不可能一直维持下去，否则他实现理想的实践就永远处于矛盾当中而无法展开。为此，毛泽东在接收不同的思想理论之后，就冷静下来进行深刻的实践验证和思想鉴别。

这种比较鉴别实际上也就是一种理论的交锋和思想的斗争。一方面，他以极大的热情将各种思想理论都纳入实践当中，通过实践来判明它们是否适合中国、能否作为行动指南，比较不同理论的优劣；另一方面，对它们做出理论上的分析鉴别，从而发现一些理论的局限性甚至反动性。在思想转变的关键时期，他对马克思主义和各种非马克思主义思想进行了理论对比和深入分析，发现无政府主义、社会改良主义、基尔特社会主义等在理论上虽然好听，但站不住脚，在实践上更不能产生实际效果，不能成为改造中国和世界的理论指导。在此基础上，他最终确定了马克思列宁主义的思想方向。

一旦选择了马克思主义，他就毫不动摇地坚定马克思主义信仰，义无反顾地放弃被证明不正确的理论，坚决地捍卫马克思主义的指导地位，同各种非、反马克思主义的思潮进行坚决的斗争。在新民学会新年大会上，他带领大多数会员同无政府主义、改良主义等进行了坚决斗争。在1921年1月28日给彭璜的信中，他特别强调，在主义的问题上，决不能有任何动摇妥协，为了坚持主义就必须进行思想斗争，并明确提出，"主义之争，出于不得不争，所争者主义，非私人也"。[①]在编纂《新民学会会员通信集》第三集时，他坚定地表明了鲜明立场，认为为了捍卫主义的纯洁性和组织的纯洁性，对于5种持有不正确思想的会员，应毫不犹豫地加以清除。

---

① 《毛泽东通信选集》，人民出版社1983年版，第19页。

思想转变的鲜明特点

从资质贤俊的农家子弟,到崇拜康梁的革命少年,从追求大本大源到鉴别种种主义,毛泽东早年人生中的思想转变充满传奇色彩,过程虽复杂曲折,结果却科学正确且异常坚定。

这些思想转变虽在发生的时间地点、内因外因上各有区别,但它们都体现出一种共性特征——以理想信念为方向引领、以社会实践为根本依据、以自我清算为关键环节。青年毛泽东思想转变的这些鲜明特点,已经熔铸在"坚持真理、坚守理想,践行初心、担当使命,不怕牺牲、英勇斗争,对党忠诚、不负人民"的伟大建党精神之中,成为中国共产党和中国人民的精神血脉。

(一)以理想信念为方向引领

青年毛泽东在思想转变的过程中有着明确的目标指向,这就是为实现救国救民、改造中国的远大理想寻找行动指南。

少年时期,他曾经为了个人的兴趣和爱好,大量阅读了中国古典小说和一些早期洋务派的著作。但是,到了湖南一师时期,他已经确立了远大抱负和社会理想，从那个时候起，他的读书活动、社会实践和思想改造，都是围绕着这个轴心来展开的，是一种理想信念引领下的目的明确的主体性活动。

他接受或者放弃某种思想理论观点，都不是出于个人的兴趣爱好，不是出于个人的学术兴趣和道德目的，而是具有明确的实践目的性，扬弃的依据就是这种思想理论能否作为改造中国和世界的指导理论。

为此，他极少对各种理论观点做理论上的论证和阐述，而主要是把它们放到实践当中进行验证，通过实践检验是否有效。正是通过实践检验，他发现各种非马克思主义的理论都不能担当改造中国的理论指导，它们有的是理论上说得通而实践上行不通，有的是服务于统治阶级的利益而不能为社会大众服务，有的是为帝国主义的侵略服务而牺牲中国人民和中华民族的利益。只有马克思主义不仅在理论上能够正确解释历史，而且在实践上已经在俄国取得巨大成功，为此他才坚定不移地选择了马克思列宁主义作为根本指导。

在接受马克思主义理论的时候，毛泽东首先不是把它作为学术研究的对象来看待，不是看它在理论上是否具有逻辑系统性，是否符合学术的规范，而是首先看它能否对中国的历史传统和现实实践做出正确的解释，是否已经被实践验证是切实可行的，能否有效地指导改造中国的社会实践。

在1920年12月1日的信中，他就明确指出，对于绝对的自由主义，无政府主义，以及社会民主主义等，他之所以不赞同，就是因为这些主张都是"于理论上说得好听，事实上是做不到的"；他之所以选择俄国十月革命的暴力革命的方法，并不是说这种方法在理论上比温和革命更好，而是因为它在实践上有效果，是"无可如何的山穷水尽诸路皆走不通了的一个变计"。①

在1921年新民学会新年大会上，他再次说明，之所以选择俄国革命的方法，是因为这种方法比别的方法"所含可能的性质为多"，是因为"急烈方法的共产主义，即所谓劳农主义，用阶级专政的方法，是可以预计效果的，故最宜采用"。②

正是出于这样的选择标准，他关注的焦点不在于所接触的马克思列宁主义理论是否完整，他当时所做的工作也不是集中于对马克思主义做理论上的分析和阐述，而是集中于对这种理论进行广泛的宣传，以求扩大它的影响使之成为共同的行动指南。或者说，他接受马克思列宁主义，从一开始就不是将其作为一般性的学术理论来看待，而是将其作为指导思想、理论信仰和行动指南来看待的。

（二）以社会实践为根本依据

在思想转变方面，毛泽东同中国早期马克思主义者李大钊、陈独秀、周恩来、蔡和森等有着大体相同的思想经历。他们在接受马克思主义之前都有着复杂的思想积淀，在接受马克思主义之后，都对先前的思想进行了清算，最终坚定了马克思主义的信仰。但是，在自我清算的具体方式和具体过程上，他们又有着明显差别。

李大钊、陈独秀在接受马克思主义之前，已经是当时中国思想界的明星，是激进民主主义思想的杰出代表，已经对思想中的传统文化

---

① 《新民学会资料》，人民出版社1980年版，第150、148页。
② 《毛泽东年谱：1893-1949》，中央文献出版社、人民出版社1993年版，第75-76页。

思想进行过决断性的清理，并朝着彻底革命的方向发展。因此，一旦接触到十月革命的影响和马克思列宁主义的理论，他们就迅速地转向了马克思主义，并带动其他人实现这个转向。但是，由于他们先前的资产阶级民主主义思想积累非常深厚，所以在转向马克思主义之后的一段时间内依然有着思想的徘徊阶段，仍然发表过一些非马克思主义的观点。（他们在1920年都对工读主义等热情支持，李大钊对人道主义同社会主义的关系仍然没有彻底弄清楚，陈独秀对罗素的基尔特社会主义还抱有一定的幻想。）因此，他们的思想清算历程有些"拖泥带水"的性质。但是，因为他们有着深厚的传统文化积累，所以后来仍在早期马克思主义中国化的探索中做出了独特的贡献。

蔡和森、周恩来是在赴法留学之时，通过自学方式大量阅读马克思主义的著作，在短时间内迅速把马克思主义作为自己的思想方向，彻底清除了先前思想中的非马克思主义思想，成为坚定的马克思主义者。应该说，外在因素对他们的影响是比较大的，其自我清算的历程并不十分曲折，带有"一刀两断"的性质。

而青年毛泽东思想发展的一个突出特色，就是总通过亲身体验来获得独立性的认识。为着探索整个宇宙、整个人类历史的大本大源，为着探寻改造中国、救亡图存的根本出路，他不仅猛烈地吸收各种新的理论和主义，更要对这些理论和主义做一番实践考察，在亲身体验中比较鉴别、决定取舍。他是通过实践推动认识，提升认识，检验理论，纠正错误，清理思想，运用理论，深化理论，来确认自己的思想方向的。

毛泽东的自我清算和陈李周蔡四人之区别尤其体现在一点，那就是不论李大钊、陈独秀，还是蔡和森、周恩来，他们在转向马克思主义之前，都没有直接领导工人农民运动的社会政治实践。尽管五四运动期间，陈独秀、李大钊、周恩来等直接参与并担当了一部分组织领导工作，但五四运动毕竟不是真正的以工人农民为主体的社会大众的政治实践，更多的是知识分子的运动；等到以工人阶级为主体的六三运动发起时，他们却基本上都不在运动的第一线。毛泽东则不同，他不仅直接领导了湖南的五四运动，直至运动被军阀干扰而中断，而且直接领导了湖南的驱张运动、湖南人民自治运动，并从事过组织文化书社、俄罗斯研究会等马克思主义实践活动。

正因如此，毛泽东对各种非马克思主义的实践局限性认识更加全面，对马克思主义必须同中国具体实践相结合的体会也更加深刻，同时，他转向马克思主义的过程则更加曲折，时间更长，步子也更加扎实。

（三）以自我清算为关键环节

青年毛泽东思想发展的突出特点，就是通过独立自主的自我清算，实现世界观和思想结构、理论信仰的转变。

为了寻找改造中国的理论指南、探索救国救民的道路，毛泽东曾形成过庞杂的知识结构和混杂无序的思想结构，经过实践检验和理论鉴别后，他逐步认识到各种非马克思主义理论观点的局限性，对自己的思想进行了彻底清理，对曾经坚持的不正确理论进行了深刻的、毫不留情的自我清算，坚定地选择了新的道路、新的思想、新的世界观、新的信仰。

梗概地说，1920年11月底的几封信是这种自我清算的标志；1920年12月1日的信是其新世界观确定的标志；1921年1月1日的发言和 1 月 21 日、28 日的信，则是其公开新世界观的标志。正因为他是通过自我清算实现的思想转变，所以一旦转变就毫不动摇。

毛泽东在自我清算过程中的独立自主性是非常突出的。他从来不人云亦云，从来不随便接受别人的劝说，即便对最好的朋友、最好的老师，也不会盲从。对于任何思想理论，他都要经过自己的实践验证和理论鉴别才决定取舍。

萧子升和蔡和森都是毛泽东曾经最要好的朋友，但他们谁也不能轻易改变毛泽东。萧子升和蔡和森在思想上发生重大分歧时，都致信毛泽东加以判别，都对毛泽东进行劝说，毛泽东却没有仓促表示自己的意见，而是经过几个月的理论反思和比较鉴别后，独立地做出了自己的选择。

不仅朋辈如此，即便是深受毛泽东尊重的人也不能直接改变他的思想。在第一次赴京期间，他就同李大钊多有接触，李大钊的观点对他有很大的影响，但是在思想方向问题上，他并没有直接接受李大钊已经选择的马克思主义，反而在"问题与主义"论战中更倾向于李大钊的对立面，即胡适的实验主义，直到经过亲身实践后，他才认识到实验主义的局限性，离开了胡适的方向，走向了同李大钊一样的马克思列宁主义的方向。

总之，青年毛泽东在思想转变的过程中，一开始就有明确的目标指向，即为救亡图存改造中国寻找理论指导和行动指南，而不是为了满足个人的学术兴趣或个人道德修养的标准；他密切联系实际，进行了独立自主的自我思想清算，其思想清算和思想转变的过程虽然曲折缓慢，但是步子扎实、深刻全面。正因如此，他一旦完成了思想转变，确定了对马克思主义的信仰，就旗帜鲜明、毫不动摇、始终不渝。

宝贵经验的当代价值

一个时代有一个时代的主题,一代人有一代人的使命。

青年毛泽东的思想转变,虽然发生在一百多年之前,但这个转变所包含的曲折过程和丰富经验,具有持久深远的思想启发意义。

新时代的中国共产党人和广大人民群众,特别是当代中国有志青年,要在新的历史条件下传承好、弘扬好青年毛泽东留给我们的宝贵财富,创造出不负历史、不负时代、不负人民的优异成绩。

(一)研读经典著作,悟透思想精髓

青年毛泽东在实现自身思想转变过程中的一个重要环节,就是认真阅读当时能够找到的马克思主义基本著作,牢牢把握马克思主义的理论精髓。

十月革命爆发后,马克思主义理论在中国得到了迅速传播,李大钊是我国自觉研究和传播马克思主义的早期代表。第一次赴京期间,毛泽东在北京大学图书馆当图书助理员,同李大钊多有接触,深受感染,阅读了李大钊等人撰写的一些马克思主义文章,并阅读了一些马克思主义的著作，在思想上开始产生对马克思主义的兴趣和倾向。李大钊介绍马克思主义的一个重要特点，就是抓住马克思主义理论的理论精髓和核心观点，特别是唯物史观和阶级斗争理论，这对毛泽东的影响是非常大的。

第二次赴京期间，毛泽东以很大的精力从《晨报》副刊、《每周评论》等报刊上，以及李大钊、邓中夏等早期共产主义者那里，寻找当时能够找到的马克思主义著作，如《共产党宣言》等，以及关于俄国革命的资料，认真加以研读。

在创办文化书社期间，他不仅广泛传播马克思主义，而且还同彭璜、何叔衡等人一起，认真研读马克思主义著作，日益深化对马克思主义理论的理解。

虽然毛泽东当时能够接触到的马克思主义著作非常有限，但是，他在学习中以高度的敏感性和深邃性，抓住了马克思主义的理论精髓，特别是马克思主义的唯物史观、阶级斗争、无产阶级革命和无产阶级专政、党的建设等理论。这样一来，尽管他没能系统完整地阅读马克思主义的很多原著，但是他对马克思主义的理解却是深刻的。（当然，因为历史条件限制，他当时没有也不可能全面阅读相关经典著作。）正因如此，他在日后一有机会就努力学习马克思主义的经典著作。譬如延安时期，在领导全党学习马克思主义理论的过程中，他自己便大量研读了一系列马克思主义的经典原著，新中国成立后他仍然坚持把研读原著作为一项重要工作。

这一点提醒我们，经典著作是马克思主义的原生态存在，是经典作家思想最直接、最集中、最完整、最客观的记载，马克思主义的精髓都深刻地体现在这些经典著作当中，是学习和研究的第一手资料，认真研读原著，是成为坚定马克思主义者的重要前提。当时，蔡和森、邓中夏等就是因为比毛泽东研读原著早，他们的思想转变也就比毛泽东要早要快。相反，当时也有一些同毛泽东一样对马克思主义颇感兴趣的学者，因为没有下功夫去寻找和阅读经典著作，最后没有成为马克思主义者。不过，阅读原著时我们也应注意，必须善于从原著中抓住马克思主义的理论精髓，而不是仅仅记住了马克思主义经典作家的话语词句，否则就会陷入教条主义的泥坑。

当前，我们要真正掌握马克思主义的真谛与精华，就要下功夫研读原著，从原著中把握思想精义，在这个方面任何偷懒都是要不得的。决不能抱着对马克思主义理论的自发论倾向，想当然地认为：我们国家是以马克思主义作为指导思想的国家，人们不用学习就能够自发地掌握马克思主义，能够自然而然地成为马克思主义者。这种倾向是十分有害的，这是因为，敷衍潦草、表面肤浅、浮光掠影地仅仅了解马克思主义的一些常识，教条主义地仅仅记住马克思主义的个别词句，而非下功夫阅读经典著作，切实把握马克思主义的理论精髓，真正确立马克思主义的世界观、人生观和价值观，自觉地用马克思主义武装头脑，是根本不可能成为真正的马克思主义者的，更不要说用马克思主义来解释和指导当代中国实践了。

学习马克思主义如此，学习其他方面知识也是如此。想要在一个领域有所建树，就要肯下苦功夫、笨功夫，读经典、学原著，而不要想着取巧，在沙渚上建筑华而不实的阁楼。

（二）传承民族文化，筑牢发展根基

毛泽东那一代人，是很特殊的一代，他们在传统的经史教育中成长，深受民族文化熏陶，却不得不求道于国外，以外来的先进思想拯救国家，李大钊、陈独秀、周恩来等早期马克思主义者皆不外如是。由于国家危亡，他们不得不否定过去，为解决中国将去往何方的问题殚精竭虑。

然而，这还不是那一代人历史任务的全部，在解决向哪里去的同时，他们也不得不思考从哪里来的问题。只是比起向哪里去，这个问题一度被忽略了，以致出现了全盘西化的思潮，持此论者不乏一时名士。

毛泽东就是在这样的风潮下成长起来的，他从少年时期就接受了扎实的国学教育，在陆续接受的新学和西学过程中仍然重视国学文化学习，提出必须要通"国学大要"。尤其是在湖南一师时期，从先秦诸子到明清时代思想家的著作，从二十四史到司马光的《资治通鉴》，从《昭明文选》到《韩昌黎全集》，从顾祖禹的《读史方舆纪要》到本省的县志，他都认真加以研读，深化了对中国传统文化的学习，积累了深厚的国学功底。

他不仅用心研读国学经典，而且把中国传统文化知识运用到进一步的学习研究过程中，以此为核心展开对新知识的选择和评价，从而使中国传统文化成为自己知识结构中的主导性因素，成为选择、吸收、评价其他各类知识要素的基础和标准。因此，在对中西文化关系上，毛泽东并没有陷入当时全盘西化的思潮当中，而是恰如其分地分析了中西文化各自的优劣，这同他对中国传统文化的深入研究不无关系。

虽然在自我清算后，他最终坚定了马克思主义信仰，但是传统文化知识仍然被他作为构筑思想的素材，整合到以马克思主义为导向的思想结构当中,让它们在马克思主义的观照下获得新的解释,并为建构中国化马克思主义提供思想资源。

正是因为有着扎实的中国传统文化根底,毛泽东在日后才能真正把马克思主义同中国文化相结合,实现马克思主义的中国化,同时推动中国传统文化的现代跃升,而不是离开中国文化传统进行马克思主义的移植。相反,那些缺乏中国传统文化积累的人,往往不考虑中国的具体国情和传统文化的影响,只会机械照搬马克思、列宁的理论和苏联革命的做法,教条主义地把马克思主义原封不动地移植到中国文化和实践当中,结果造成了惨痛失败。正是基于这些历史教训,毛泽东在领导中国革命的过程中特别强调,必须把马克思主义基本原理同中国的具体实际和民族特点相结合,创造性地形成具有中国文化特点和民族形式、为中国老百姓所喜闻乐见的中国化马克思主义。

当年,针对党内一些人不认真研究中国实际和中国文化的情况,毛泽东特别强调:学习中华民族的历史文化遗产,用马克思主义的方法给以批判的总结,是中国共产党人的重要任务:

"我们这个民族有数千年的历史,有它的特点,有它的许多珍贵品。对于这些,我们还是小学生。今天的中国是历史的中国的一个发展;我们是马克思主义的历史主义者,我们不应当割断历史。从孔夫子到孙中山,我们应当给以总结,承继这一份珍贵的遗产。"[1]

这是一个极有远见的论断,哪怕在马克思主义与中国文化有了一百多年的沟通和融合历史的今天,依然没有过时,而且更加具有时效性。

---

[1] 《毛泽东选集》第2卷,人民出版社1991年版,第533-534页。

立足新时代的历史方位，习近平也突出地强调：

"中国共产党人是马克思主义者，坚持马克思主义的科学学说，坚持和发展中国特色社会主义，但中国共产党人不是历史虚无主义者，也不是文化虚无主义者。我们从来认为，马克思主义基本原理必须同中国具体实际紧密结合起来，应该科学对待民族传统文化，科学对待世界各国文化，用人类创造的一切优秀思想文化成果武装自己。在带领中国人民进行革命、建设、改革的长期历史实践中，中国共产党人始终是中国优秀传统文化的忠实继承者和弘扬者，从孔夫子到孙中山，我们都注意汲取其中积极的养分。"①

这个基本态度，在继承毛泽东思想的基础上，结合新的时代要求又进行了新的发展，突出强调了坚持马克思主义指导与传承中华优秀传统文化的关系，强调既要汲取滋养、忠实继承，又要加以弘扬、发展创新。

按照这个要求，我们既要认真学习马克思主义的精髓，同时要深入研究中华优秀传统文化思想精华，形成扎实的中国传统文化根底。使马克思主义在中国传统文化中找到自己的立足点，深入到民族心理的深处，实现马克思主义的中国化；同时，将马克思主义的科学真理注入中国文化当中，实现中国传统优秀文化的现代转型，实现中国文化的马克思主义化，在双重转化的基础上实现融合发展，使中国化马克思主义的内涵更加丰富，理论更加完善。

一个国家，一个民族，一个组织，乃至每一个人，都不仅要知道

---

① 习近平：《在纪念孔子诞辰2565周年国际学术研讨会暨国际儒学联合会第五届会员大会开幕会上的讲话》，《人民日报》2014年9月25日02版。

要到哪里去，更应牢记从哪里来。中华民族在几千年历史中创造和延续的中华优秀传统文化，是历史中国、当代中国、中国人民、中华民族的魂，是新时代中国人坚定历史自信、民族自信、文化自信的根，任何时候都要认真学习、弘扬传承、创新发展。

（三）立足国情实际，把握时代特征

青年毛泽东在自己的思想发展过程中，始终强调要立足中国实际，深入研究中国的具体国情，把中国作为自己的下手处。与此同时，他又抓住时代特征，关注形势变化，紧随实践步伐，不断实现深刻的自我超越，最终实现彻底的思想转变。

毛泽东从湖南省立第一师范毕业时，出国留学是当时青年学子的一个重要选择。对正处于思想转变过程中的有志青年来说，这无疑是一个极好的机会。但是，毛泽东没有出国，其中有很多原因，但很重要的一条就是，他高度重视研究国内问题、注重中国文化传统和具体实际。

确立改造中国和世界的远大目标，是毛泽东完成思想转变的重要标志。在对这个目标的理解上，也反映了他重视中国国情、立足中国实际的基本思路。他虽然也强调要面向未来、面向世界，帮助和推动世界其他地方的民族解放和社会主义革命，如帮助俄国完成社会革命、帮助朝鲜独立、帮助南洋独立等，但是更强调要完成这些事业必须从近期的、眼前的、中国的实际事情入手。要把着眼世界同立足中国、远大理想同从实际出发联系起来，既反对只关注眼前的、中国的事情而忽略了长远目标和世界大局，又反对空泛地谈论改造而不找下手处。

对马克思主义和十月革命道路的选择也是如此。他并不是盲目、机械地照搬俄国道路，而是强调要把俄国经验同中国实际结合起来。1920年9月，在《打破没有基础的大中国建设许多的中国从湖南做起》一文中，他一方面总结了十月革命的成功经验，另一方面又结合中国实际指出，中国的情况同俄国有着极大的差异，决不能照搬十月革命经验。

后来，在领导中国新民主主义革命的过程中，毛泽东历来强调要从中国具体实际出发，反对教条主义地照搬照抄苏联经验，走出了一条中国特色的新民主主义革命道路；新中国成立之际，他根据中国的实际情况，确定人民民主专政为中华人民共和国国体，而不是照搬苏联的无产阶级专政，在根本政治制度、基本政治制度方面也是如此；新中国成立后，他又根据中国国情创造了一条以"一化三改"为核心内容的中国社会主义改造道路。

时至今日，世界和中国都发生了重大而深刻的变化。

从国际看，世界百年未有之大变局正在加速推进，虽然人类依然处于资本主义占统治地位并逐步向社会主义过渡的大时代，但许多新的阶段性特征已经呈现：世界多极化、文化多样化深入发展，全球治理体系和国际秩序变革加速推进，世界社会主义运动开始走向新的繁荣发展，"社兴资衰""东升西降"的新态势已经呈现，两种社会制度力量对比正在朝着有利于社会主义的方向发展。由此，旧的世界秩序终将被打破，新的世界秩序必将得到建构，世界已进入一个大发展、大变革、大调整的重要历史时期。

从国内看，在长期不懈的努力下，中国特色社会主义进入了新时代，中国人民比历史上任何时期都更接近、更有信心和能力实现中华民族伟大复兴的目标；同时，我国仍处于并将长期处于社会主义初级阶段，我国仍然是世界上最大的发展中国家，社会主要矛盾是人民日益增长的美好生活需要和不平衡不充分的发展之间的矛盾，前进道路上仍然存在可以预料和难以预料的各种风险挑战。

面对这样的世界和中国发展大势，青年毛泽东身上那种牢牢立足中国实际、深入把握基本国情、紧紧抓住时代特征、时刻紧跟实践步伐、不断实现自我超越的品质，对今天的启发意义显得尤为珍贵。新时代的中国人必须全面贯彻习近平新时代中国特色社会主义思想，用马克思主义的立场、观点、方法观察时代、把握时代、引领时代，坚持系统观念，统筹推进"五位一体"总体布局，协调推进"四个全面"战略布局，立足新发展阶段、贯彻新发展理念、构建新发展格局、推动高质量发展，全面深化改革开放，促进共同富裕，推进科技自立自强，发展全过程人民民主，保障人民当家作主，坚持全面依法治国，坚持社会主义核心价值体系，坚持在发展中保障和改善民生，坚持人与自然和谐共生，统筹发展和安全，建设富强民主文明和谐美丽的社会主义现代化强国，以中国式现代化全面推进中华民族伟大复兴。

（四）坚定理想信念，勇于进行斗争

在战争年代，理想信念是红旗与号角的感召，是鲜血与炮火的考验，是生与死的抉择。今天，像战争年代那种血与火的生死考验少了，但斗争没有停止，只是以一种不同的方式继续。我们虽然处于和平年代，但责任更加光荣重大，斗争呈现新的特点，风险长期而尖锐，考验严峻而复杂。在这种情形下，理想信念的价值不仅有增无减，而且更加凸显。我们也更需要去回顾老一辈的故事，去重新明白理想信念的温度和重量。

1. 理想信念不是得知，而是证明；不是记忆，而是践行。

和生活在一个社会主义国家、出生就接受正确思想教育的我们不同，毛泽东属于寻找理想信念的一代，抱着"十年未得真理，即十年无志；终身未得，即终身无志"的坚定决心，他接受过改良主义、资产阶级民主主义、空想社会主义、实验主义、新村主义、工读主义、无政府主义等各种各样的理论主张。在一次次谨严的实践体验中，在一次次痛苦的反思后，他才逐步认识到这些思想观点的局限和危害，最终选择了马克思主义，坚定了共产主义的远大理想。他的信仰不是信手拾来的嗟来之食，而是拣尽寒枝、踏破铁鞋后的豁然开朗，是百折不挠、愈挫愈坚的执着坚定。

对于真正的马克思主义者来说，信仰就是把对共产主义的理想信念作为人生奋斗的旗帜和方向，在这面旗帜下生命不息奋斗不止；就是把个人的生命同人民的解放和幸福联系起来，把短暂的生存同共产主义的远大理想联系起来，在艰难困苦面前决不后退，即便是在敌人的屠刀面前，也无所畏惧。

2. 信仰马克思主义就必须同各种非马克思主义思想进行坚决的不妥协斗争。

马克思在《政治经济学批判》序言的最后有这样一段话：

"我的见解，不管人们对它怎样评论，不管它多么不合乎统治阶级的自私的偏见，却是多年诚实研究的结果。但是在科学的入口处，正像在地狱的入口处一样，必须提出这样的要求：'这里必须根绝一切犹豫；这里任何怯懦都无济于事。'"①

在这段话中，马克思清楚地表明：一方面，他是一个严肃的科学家，是一个真理的探索者，他的结论建立在长期科学研究基础之上，饱含学者的良心和科学的严谨；另一方面，他又是一个坚强的战士，是一个真理的捍卫者，要同各种错误思想进行坚决的不妥协的斗争，这种斗争不能犹豫、更不能怯懦，这就是一个战士的风范。

无独有偶，五四运动时期，陈独秀在《每周评论》第25号上发表了《研究室与监狱》的短文，关于"研究室与监狱"进行了精彩论述：

"世界文明发源地有二：一是科学研究室，一是监狱。我们青年要立志出了研究室就入监狱，出了监狱就入研究室，这才是人生最高尚优美的生活。"

这段话展示了中国早期马克思主义者的风格，即战士与学者的有机统一：所谓入研究室，就是要坚持严谨的学术精神，搞好科学研究、探索真理；所谓入监狱，就是要敢于为捍卫真理同各种错误思想以及反动政治统治进行不懈的斗争，甚至牺牲自己的生命。

他们的话也是青年毛泽东的最好写照，在1915年的《致友人信》中，毛泽东坚定地写道："齑其躬而有益于国与群，仁人君子所欲为也。"很明显，在他的心目中，如果能有利于国家和大众，哪怕粉身碎骨，也是自己所乐意的。

这些话放到今天依然闪耀着真理的光芒。

在全面深化改革的关键时期，站在不同立场、代表不同利益群体

---

① 《马克思恩格斯文集》，人民出版社2009年版，第594页。

的社会思潮纷纷出现,从不同层面、不同角度影响着人们的思想,对于马克思主义也产生了各式各样的看法。马克思主义"多元化""歧义化"的声音,影响着人们对于马克思主义的理解和把握。

面对这种情况,我们必须理直气壮地高举马克思主义旗帜,毫不动摇地坚定共产主义远大理想和中国特色社会主义共同理想;始终保持清醒头脑和高度自觉,在同错误思想的坚决斗争中,捍卫和发展马克思主义理论,坚定不移地走中国特色社会主义的正确道路。同企图否定马克思主义指导地位的思想进行斗争,这不仅是学术之争、理论之争,更是存亡之争、生死之争,正如青年毛泽东所说的"主义之争,出于不得不争"。

理论上如此,实践上更是如此。因为理想信念是在实践中体现的,是在实践中走向现实的。中国人民依靠斗争创造历史,更要依靠斗争赢得未来。在新时代新征程,中国人民的目标更加远大,面临的风险挑战也会不断增加,实现理想的斗争也会更加长期复杂。这就需要我们总结运用好近代以来中国人民伟大斗争的经验,发扬不屈不挠的斗争精神,练就战无不胜、攻无不克的斗争本领,保持越是艰险越向前的大无畏气概,有效应对前进道路上各种可以预料和难以预料的风险挑战,推动中国特色社会主义事业航船劈波斩浪、一往无前。

3.有了远大理想,就有奋斗不止的意志,就有战胜一切艰难险阻的斗争精神和豪情壮志。

1919年,在救国救民的理想信念支撑下,青年毛泽东大声疾呼:

"天不要怕,鬼不要怕,死人不要怕,官僚不要怕,军阀不要怕,资本家不要怕。

"天下者我们的天下。国家者我们的国家。社会者我们的社会。

我们不说，谁说？我们不干，谁干？

"我们中华民族原有伟大的能力！压迫愈深，反动愈大，蓄之既久，其发必速。……中华民族的大联合，将较任何地域任何民族而先告成功。诸君！诸君！我们总要努力！我们总要拼命的向前！我们黄金的世界，光华灿烂的世界，就在前面！"

1949年，面对已经取得的胜利，在共产主义远大理想的支撑下，毛泽东没有停下奋斗的步伐，而是带领全党全国人民朝着更新的目标前进：

夺取全国胜利，这只是万里长征走完了第一步。如果这一步也值得骄傲，那是比较渺小的，更值得骄傲的还在后头。……中国的革命是伟大的，但革命以后的路程更长，工作更伟大，更艰苦。……务必使同志们继续地保持谦虚、谨慎、不骄、不躁的作风，务必使同志们继续地保持艰苦奋斗的作风。……我们不但善于破坏一个旧世界，我们还将善于建设一个新世界。

1954年，在第一届全国人民代表大会上，毛泽东站在新的历史起点上，锚定中华人民共和国的远景目标，号召全党全国人民：

"我们有充分的信心，克服一切艰难困苦，将我国建设成为一个伟大的社会主义共和国。……我们的目的一定要达到。我们的目的一定能够达到。"

…………

一个时代有一个时代的主题，一代人有一代人的使命。

站在新时代的制高点上，当代中国共产党人和中国人民群众，应确立远大目标，坚定理想信念，发出豪迈誓言：勿忘昨天的苦难辉煌，无愧今天的使命担当，不负明天的伟大梦想，以史为鉴，开创未来，为实现第二个百年奋斗目标、实现中华民族伟大复兴的中国梦而不懈奋斗。

实现远大目标，必须继续努力奋斗；从事伟大事业，必须进行伟大斗争。为此，习近平总书记代表新时代中国共产党人和全体中国人民，以高度的清醒和坚定的意志庄严宣誓：

在重大风险、强大对手面前，总想过太平日子、不想斗争是不切实际的，得"软骨病"、患"恐惧症"是无济于事的。"善战者，立于不败之地，而不失敌之败也。"唯有主动迎战、坚决斗争才有生路出路，才能赢得尊严、求得发展，逃避退缩、妥协退让只会招致失败和屈辱，只能是死路一条。我们必须把握新的伟大斗争的历史特点，发扬斗争精神，把握斗争方向，把握斗争主动权，坚定斗争意志，掌握斗争规律，增强斗争本领，有效应对重大挑战、抵御重大风险、克服重大阻力、解决重大矛盾，战胜前进道路上的一切艰难险阻，不断夺取新时代伟大斗争的新胜利。

这是新时代中国共产党人和中国人民群众对老一辈革命家的庄严承诺，更是面向世界、面向未来的神圣宣言。

承诺就是责任，宣言就是号令。

责任在肩定当不负使命，号令一出定当全力以赴。

新时代新征程上，当代中国有志青年，应该像青年毛泽东那样，坚定理想信念，勇于进行斗争，埋头苦干、勇毅前行，创造不负历史、不负时代、不负人民的辉煌和荣光！

后 记

马克思主义进入中国,被中国先进分子作为改造中国的行动指南,是近代中国思想史上的重大历史事件。正是因为找到并接受了马克思主义,中国的历史命运才发生了根本性改变。在中国人寻找、接受、坚持、创新马克思主义的过程中,毛泽东是一座标志性的历史丰碑。

毛泽东是中国历史上最伟大的民族英雄之一,是中华民族思想发展史上划时代的伟人。正是毛泽东开启了当代中国思想文化发展的一个新阶段,即中国化马克思主义的发展阶段。毛泽东是伟大的马克思主义思想家,是马克思主义中国化主要的开拓者和杰出代表。

但是,毛泽东并不是天生的马克思主义者,青年时期的"马克思转向"在其思想发展历程中极其重要。

毛泽东出生在中国湖南的一个闭塞乡村,其早年求学经历可以说是一波三折,历经断断续续的六年私塾教育、三次短暂而不连贯的新式学校教育、三个不同阶段的自学教育、五年半的师范学校教育。这种曲折的求学经历形成了他国学为主、中西合璧的复合型知识结构,对其后来的思想发展产生了深远影响。

在湖南省立第一师范学校毕业之际，他的思想结构初步形成但方向不定，救国救民、改造中国的理想信念已经确立并直接影响其日后的思想变动。五四运动前后，马克思主义进入其思想结构当中，但尚未成为主导性要素，其思想结构陷入多元并存、内在冲突的混杂无序状态。五四运动后，经过对空想社会主义、新村主义、工读主义、实验主义、改良主义等思想的比较鉴别和实践检验，他认识到这些思想的局限性和危害，思想结构的主导因素发生重大转换，马克思主义取代改良主义成为主导性思想要素。1920年夏，初步确立马克思主义信仰后，毛泽东开展了一系列初步的马克思主义实践尝试，深化了对马克思主义的认识。此时他的思想中对改良主义还抱有一定幻想，所以其1920年秋领导的湖南自治运动具有鲜明的两面性。运动受挫后，毛泽东对思想结构进行了彻底的自我清算。1920年11月底，他彻底完成"马克思转向"，实现自身的马克思主义化，最终确立了对马克思主义的坚定信仰，选择马克思主义作为救国救民的实践指南，真正成为坚定的马克思主义者。

青年毛泽东思想发展中的"马克思转向"，集中体现了中国早期马克思主义者共同的心路历程，表明马克思主义植根中国并与中国实际相结合不是自然演变的，也不是外来强加的，而是长期上下求索、比较鉴别、实践检验的结果，是历史必然性和主体能动性相结合的结果。

青年毛泽东思想发展中的"马克思转向"，显示了马克思主义中国化的基本特点。中国先进分子的马克思主义化是马克思主义中国化的基本前提，马克思主义中国化就是中国马克思主义者在把马克思主义理论同中国具体实际、中华优秀传统文化相结合中所进行的理论和实践创新过程；马克思主义中国化虽然具有历史的必然性，但它不单是一个客观的自然历史过程，更是一个自觉的社会历史过程，是通过理论主体把普遍原理与具体实际创造性结合起来的主客体互动过程。追溯青年毛泽东思想转变的特殊路径，探索青年毛泽东走向马克思主义的历史进程，能够更好地从源头上探寻马克思主义中国化的起步之旅，把握马克思主义中国化的发生逻辑，认清马克思主义中国化的本质内涵，透视马克思主义中国化的发展规律。

青年毛泽东思想发展中的"马克思转向"，凸显了理想引领、刻苦学习、实践驱动、有机结合、集体智慧、思想交锋等的至关重要性，体现了以理想信念为方向引领、以社会实践为根本依据、以自我清算为关键环节的重要特征。青年毛泽东的思想转变，虽然发生在一百多年之前，但这个过程所包含的机制和特点，具有持久深远的思想启发意义。新时代新征程上的中国共产党人和广大人民群众，特别是当代中国有志青年，应该像毛泽东那样，研读经典著作、悟透思想精髓，传承民族文化、筑牢发展根基，立足国情实际、把握时代特征，坚定理想信念、勇于进行斗争。青年当勿忘昨天的苦难辉煌，无愧今天的使命担当，不负明天的伟大梦想，在新时代新征程上创造不负历史、不负时代、不负人民的辉煌和荣光，为夺取新时代中国特色社会主义的伟大胜利、实现中华民族伟大复兴的中国梦而不懈奋斗。